Werder **Potsdam** Spandau

KANU KOMPAKT

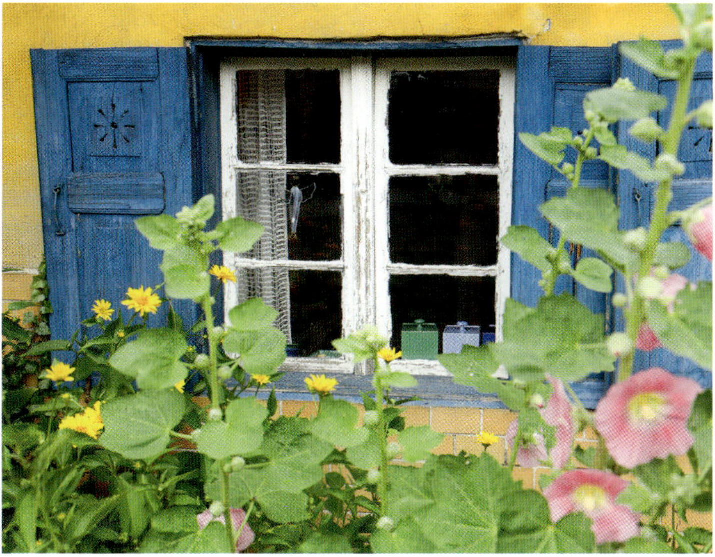

Impressum

© 2016 **THOMAS KETTLER VERLAG**
Von-Hutten-Str. 15
D-22761 Hamburg
Tel +49 (40) 39 10 99 10
www.thomas-kettler-verlag.de

1. Auflage April 2016
Text: Michael Hennemann, Thomas Kettler
Lektorat: Thomas Kettler
Titelfoto: Badespass am Sacrow-Paretzer-Kanal, M. Hennemann
Fotos: Michael Hennemann **und**
Thomas Kettler *(Seite 1, 5, 6, 7, 14 o, 21, 22 o, 23, 24, 26, 28, 32 u, 33, 34, 36 o, 39, 40 o, 42, 43, 46, 55 o, 56, 62, 65, 66, 67, 68, 72, 73, 74 u, 76 o, 83 o, 84 u, 85, 90 u)*
Wasserwanderkarten: Jübermann – Kartographie u. Verlag & Carola Hillmann
Stadtpläne & Umschlagkarten: Stepmaps, Heide Schwinn
Satz und Layout: Carola Hillmann
Illustration: Ann-Sophie Ränger, Carola Hillmann
Idee & Konzept: Carola Hillmann
Lektorat Kanufahrschule: Falk Bruder
Druck: AZ Druck und Datentechnik GmbH, Kempten

Weitere Bildnachweise: Kanuliebe *(S. 15)*, Claudia Peters, via Wikimedia Commons *(S. 30)*, Julia Schmidt *(Seite 22 u, 36 u, 44, 55 u)*, Karsten Knuth, Wikimedia Commons *(S. 34, 48)*, Nightflyer, Wikimedia Commons *(S. 45)*, *Times (private)* CC-BY-SA-3.0, Wikimedia Commons *(S. 54, 64)*, Вvласенко, CC BY-SA 3.0, Wikimedia Commons *(S. 57)*, Jean-Pierre Dalbéra, CC BY 2.0, Wikimedia Commons *(S. 59 o)*, A.Savin, CC BY-SA 3.0, Wikimedia Commons *(S.70)*, Avda, CC BY-SA 3.0, Wikimedia Commons *(S. 78 o)*, Mickey Samuni-Blank, CC BY-SA 3.0, Wikimedia Commons *(S. 78 u)*, Till Krech, CC BY 2.0, Wikimedia Commons *(S. 79)*, Fridolin Freudenfett, CC BY-SA 3.0, Wikimedia Commons *(S. 80)*, Lienhard Schulz, CC BY-SA 3.0, Wikimedia Commons *(S. 80 u, 81)*, Tilmann Kluge, Wikimedia Commons *(S. 87)*, Joseph Karl Stieler (gemeinfrei), Wikimedia Commons (S. 88 o).

Bibliografische Information der Deutschen Nationalbibliothek
Die Deutsche Nationalbibliothek verzeichnet diese Publikation in der Deutschen Nationalbibliografie; detaillierte bibliografische Daten sind im Internet über *http://dnb.d-nb.de* abrufbar.

Alle Angaben zu Preisen, Adressen, Telefonnummern und sonstige Angaben wurden nach bestem Wissen erstellt. Eine Garantie für ihre Richtigkeit kann vom Verlag / Autor jedoch nicht übernommen werden. Sowohl Verlag als auch Autor lehnen im Falle eines Unfalls jegliche Haftung ab.

ISBN 978-3-934014-51-0

Inhaltsverzeichnis

Informationen

Vorwort ____ 4
Kanu & Ausrüstung ____ 5
„Kleine Kajak- & Kanadier-Fahrschule“ ____ 8
Tipps zum Kanuwandern auf Potsdamer Gewässern ____ 14
Mobil mit Bus und Bahn in Berlin & Brandenburg ____ 16
Blick auf die Region ____ 17
Wichtiges zu den Touren ____ 18

Kanutouren in Potsdam, Werder, Spandau

Werder – Ketzin – Wublitz-Runde ____ 21
Werder – Schwielowsee – Templiner See – Potsdam ____ 35
Blick auf Potsdam ____ 52
Potsdam – Pfaueninsel – Schildhorn & zurück ____ 54
Abstecher Schloss Cecilienhof ____ 59
Die Pfaueninsel ____ 63
Von „Klein-Venedig“ über den Tegeler See ____ 71
Blick auf die Spandauer Zitadelle ____ 78
Tegeler See Ostufer ____ 82
Tegeler See Westufer ____ 86

Adressen

Übernachtung in Wassernähe ____ 91
Kanuvermieter ____ 93
Veranstalter von Touren, geführte Kanutouren ____ 95
Fahrradvermieter ____ 95
Sehenswürdigkeiten & Sonstige Aktivitäten ____ 96
Auskunft & Tourist-Infos ____ 99
Literaturhinweise ____ 99
Allgemeines zum Thema Kanu ____ 100

Weiteres

Der Autor und der Kartograph ____ 105
Register ____ 106
Wichtige Binnenschifffahrtszeichen, Schallsignale ____ Klappe vorne
Kartenlegende ____ Umschlag hinten

Vorwort

„Inselhopping" im Tegeler See –, sich über die grün zugewachsenen Kanäle von „Klein-Venedig" treiben lassen –, um die Pfaueninsel herum nach Sanssouci paddeln –, den Sonnenuntergang über dem idyllischen Schwielowsee genießen –, die Blumeninsel Werder im Rücken das Fischerstädtchen Ketzin ansteuern – mit dem Kanu können Sie im Westen Berlins und dem Umland so einiges erleben.

Langweilig wird es dabei nie, denn entlang der Ufer gibt es viel zu entdecken. Von der wehrhaften Zitadelle Spandau oder der legendären Glienicker Brücke zwischen Berlin und Potsdam, der Steven Spielberg in seinem jüngsten Agenten-Thriller „Bridge of Spies" ein cineastisches Denkmal setzte, über die zahlreichen Zeugnisse der preußischen Könige in und um Potsdam, bis hin zum mittelalterlichen Flair in der von der Havel umspülten Inselstadt Werder, hat jede Epoche der Geschichte ihre Spuren hinterlassen. Neben den zahlreichen hochkarätigen kulturellen Sehenswürdigkeiten bieten die Havelgewässer im Berliner Umland aber auch viele landschaftlich und ökologisch reizvolle Abschnitte. Und dann sind da auch noch traumhafte Badestellen die zum Sprung ins kühle Nass verleiten und Cafés oder Restaurants, die mit ihren schönen Terrassen direkt am Wasser zum Verweilen einladen. Wer beim Paddeln das Naturerlebnis mit Kultur und Erholung verbinden möchte, ist hier also in jedem Fall goldrichtig.

Die hier vorgestellten Kanutouren reichen vom nordwestlichen Stadtrand der Metropole Berlin bis hinein nach Brandenburg. Die Tourenbeschreibungen liefern dabei Hinweise zur Anreise ebenso wie Übernachtungsmöglichkeiten in Wassernähe oder die Möglichkeit sich ein Kanu zu mieten. Aber auch Tipps für den ein oder anderen Landgang kommen nicht zu kurz und Sie finden Vorschläge für lohnende Wanderungen, Radtouren, Stadtrundgänge oder die urige Pause in einem zünftigen Biergarten.

Kombiniert mit den fundierten Wasserwanderkarten aus dem Jübermann-Verlag bekommen Sie so einen umfassenden Begleiter für die eigene Kanutour an die Hand, der alle Fragen zuverlässig beantwortet. Der Tourenführer ist allderdings nicht wasserfest – daher ist er in einer wasserdichten Kartentasche oder Tonne am besten aufgehoben.

In diesem Sinne wünsche ich Ihnen viel Spass beim Entdecken dieser spannenden Region!

Ihr Michael Hennemann

Kanu & Ausrüstung

Das Kanu

Bevor es an die Planung der Tour geht, steht die Frage nach Kanu und Ausrüstung. **Kanu** ist der Oberbegriff für alle Boote ohne befestigtes Ruder, also sowohl Kanadier als auch Kajak. Der **Kanadier** eignet sich insbesondere für Wandertouren und bietet mehreren Personen mit Gepäck Platz. Er wird mit dem Stechpaddel bedient und ist offen.

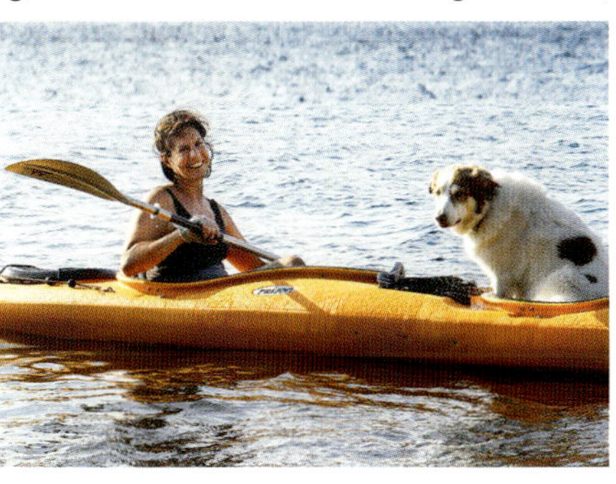

Ob Kanadier oder Kajak – Hauptsache dabei sein.

Das **Kajak** ist bis auf eine kleine Luke geschlossen, wird mit einem Doppelpaddel gefahren und ist meist wendiger als ein Kanadier. Deswegen und wegen seines windschlüpfrigen Verhaltens ist ein Kajak für das Befahren von größeren Seen und kleinen, schnellen Flüssen besonders geeignet. Der Nachteil liegt darin, dass die Zuladung beschränkt, das Ein- und Aussteigen umständlich und die Sitzposition, anders als beim Kanadier, durch die Bauweise vorgegeben ist. Kajaks gibt es generell für ein oder zwei Personen, während in einem größeren Kanadier auch eine vierköpfige Familie Platz findet.

Der **Kanadier** besticht durch sein großzügiges Raumangebot und das einfache Beladen, Ein- und Aussteigen; Kinder können sich in ihm freier bewegen. Auch für den, der das Kanu durch ein Stechpaddel antreibt, bieten sich im Sitzen mit angewinkelten oder gestreckten Beinen oder kniend variantenreiche Sitzpositionen, die ein ermüdungsfreieres Paddeln ermöglichen. Die größere Kippstabilität wird vom Anfänger als angenehm empfunden. Sein Nachteil liegt eindeutig bei der größeren Windanfälligkeit, die das Befahren von großen, offenen Wasserflächen mühsam oder gar gefährlich werden lassen. Doch kann er mit einer Persenning (Spritzdecke) auch spritzwasserfest und weniger windanfällig gemacht werden.

Tipp: Wer mit dem Kanadier unterwegs ist und auch an Land mobil sein möchte („Zurück zum Pkw"), sollte in Erwägung ziehen, ein Faltrad mitzunehmen. Durch optimierte Falt-Scharniere wird aus dem Fahrrad innerhalb weniger Sekunden ein kleines, handliches Paket.

Zum notwendigen Zubehör gehören:

- ***Paddel.*** Doppelpaddel sollten eine Länge von ca. 220 - 240 cm haben, während das im Kanadier verwendete Stechpaddel beim Stehen bis unters Kinn reichen sollte. Für Kinder darf es ruhig etwas länger sein. Kunststoffpaddel sind zwar pflegeleichter als Holzpaddel, die aber sind vom Material her sympathischer.
- ***Reservepaddel.*** Muss in jedem Kanu griffbereit, aber sicher verstaut vorhanden sein. Noch wichtiger ist dies bei Solopaddlern, da sie manövrierunfähig werden, wenn das Paddel über Bord geht.
- ***Rettungsweste.*** Kein Kind darf ohne ohnmachtssichere Rettungsweste ins Boot. Sie hat einen Kragen, der den Kopf über Wasser hält und so wirklich vor dem Ertrinken schützt.
- ***Schwimmweste.*** Jeder Erwachsene sollte sie tragen (auch als Vorbildfunktion). Wie die Rettungsweste auch, muss sie dem Körpergewicht des Trägers angepasst sein.
- ***Wurfsack.*** Zum Retten eines Schwimmers vom Ufer aus. Der Nylonbeutel mit einem Auftriebselement und etwa 20 Meter Seil ist immer dabei, egal ob Wildwasser oder Wanderfahrt.

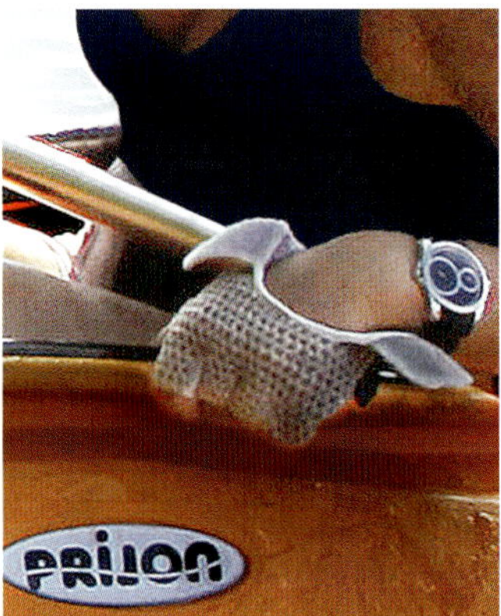

Tipp: Radhandschuhe schützen empfindliche Hände vor Blasen.

- ***Bootswagen.*** Ist für längere Landtransporte unverzichtbar. Wer sich einen zulegt, sollte gleich auf gute Verarbeitung achten. Er sollte stabil, das Rohrgestell verschweißt statt genietet sowie zusammenklappbar sein, breite Räder und eine Stütze haben, so dass er auch von nur einer Person beladen werden kann.
- ***Praktisches:***
  Leinen zum Festmachen und Halten des Kanus.
  Spanngurte zum Sichern der Säcke und Tonnen.
  Schwamm zum Säubern und „Entwässern" des Kanus.
  Spiral- oder Kettenschloss zum Sichern.

Zu Anfang ist es sinnvoll, sich ein Kanu zu mieten. Daher nennen wir in diesem Buch viele Kanuvermieter und Tourenveranstalter. Idealerweise ist bei der Auswahl eines Veranstalters darauf zu achten, dass er Mitglied im **Bundesverband Kanu e.V. (BVKanu)** ist. Die Mitglieder garantieren die nötige Qualität, die Sicherheit und einen Einsatz für den Naturschutz im Kanutourismus.

Die Ausrüstung

Für die beschriebenen Touren wird keine teure **High-Tech-Kleidung** benötigt, aber eine gute **Regenjacke und -hose** muss im Gepäck sein. Ansonsten sollte nach dem „Zwiebelprinzip" verfahren werden – mehrere leichte Kleidungsstücke übereinander ziehen. **Fleecepullis** mit ihrer hervorragenden Isolationseigenschaft, dem geringen Gewicht und der Tatsache, dass sie im nassen Zustand noch wärmen, aber auch schnell trocknen, sind ideal. Eine **lange Hose aus einem Synthetik-Baumwollgemisch** ist sicher besser als eine Jeans. Schuhe müssen nicht schön sein, sondern vor allem fest sitzen. Am besten sind **Schnür-, Sport- oder spezielle Paddlerschuhe**. Für kleine und große Ausflüge haben wir immer Wanderschuhe dabei. Die Ausrüstung findet Platz in wasserdichten **Weithals-Tonnen** mit Schraubdeckel sowie wasserdichten (optimalerweise transparenten) **Packsäcken**, die durch ein „Roll-/Steckverschluss-System" wasserdicht verschlossen werden. Mehrere kleine sind idealer als wenige große! Alternativ tun es auch stabile Plastik- oder Müllsäcke.

Viele der beschriebenen Streckenabschnitte lassen sich so planen, dass mit wenig Gepäck von Gasthof zu Gasthof gepaddelt werden kann. Ein **Zelt**, ein **Schlafsack** und eine **Isomatte** sollten jedoch immer mit dabei sein. Denn wer weiß schon, ob er sein Tagesziel auch erreicht oder ein Gewitter die ganze Planung über den Haufen wirft.

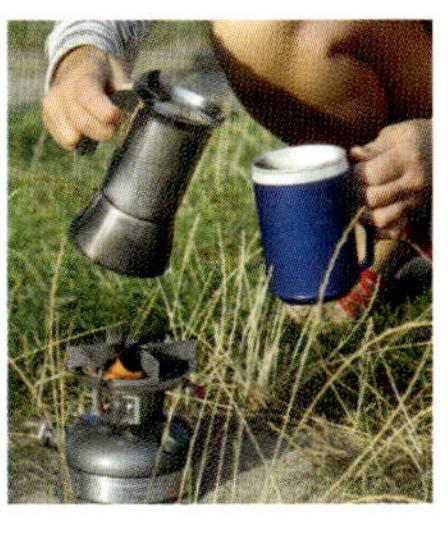

Will man nicht auf seinen morgendlichen Kaffee oder die Spaghetti am Abend verzichten, muss ein **Campingkocher** mit auf Tour.
Als **Küchenausstattung** empfiehlt sich ein **Kochset**, bestehend aus drei verschieden großen, ineinander gestellten **Kochtöpfen** (2 L, 1,5 L, 1 L), einem **Wasserkessel** und zwei verschieden großen Deckeln, die gleichzeitig als Pfannen dienen. Eine **Espressokanne** ist für den Kaffee ideal. Weiterhin tiefe und flache **Teller**, **Besteck**, **Wassersack**, **Thermoskanne**, **Thermobecher**, kleines **Schälmesser**, **Schneidebrettchen**, **Alufolie**, **Geschirrtuch**, **Spülmittel Reinigungsschwamm** und eine **Faltschüssel**. Wer möchte, kann die Campingküche auch zu Hause lassen, denn auf allen Touren findet sich entlang der Ufer ein breites gastronomisches Angebot für jeden Geschmack von der Dönerbude bis zum Nobelrestaurant.
Weitere nützliche Ausrüstungsgegenstände: Toilettenpapier, Erste-Hilfe-Set, Waschzeug, Nähzeug, Wäscheklammern, Feuerzeug, Kopfbedeckung, Sonnenbrille, Sonnen- & Insektenschutz, Taschenmesser, Taschenlampe, Fernglas sowie Schreibutensilien.

„Kleine Kajak- & Kanadier-Fahrschule"

Schlagrichtung des Paddlers 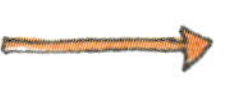 Bewegungsrichtung des Kanus 

Die beschriebenen Paddelschläge können und sollen miteinander kombiniert werden. Zur korrekten Ausführung wird das Paddel im Prinzip nicht durch das Wasser „gezogen", sondern soll annähernd stationär bleiben und das Kanu über das Wasser bewegt werden. Hierbei wird eine optimale Kraftausbeute angestrebt. Bei einem sehr gut ausgeführten Paddelschlag gibt es keine Verwirbelungen und kaum Wellen am Paddelblatt.

Kajak-Fahrschule

Allgemeines

In der Regel sind die beiden Blätter eines Doppelpaddels gegeneinander verdreht. Bei den üblichen rechtsgedrehten Paddeln umfasst die rechte Hand den Schaft so, dass das rechte Paddelblatt senkrecht ins Wasser eingetaucht werden kann. Die linke Hand umfasst den Paddelschaft nur locker und nach jedem Paddelschlag wird das Paddel mit der rechten Hand so gedreht, dass das aktive Blatt senkrecht ins Wasser gesetzt werden kann (bei linksgedrehten Paddeln gelten die Hinweise entsprechend seitenvertauscht). Stellen Sie die Fußstützen des Kajaks so ein, dass Sie bequem sitzen und gleichzeitig einen guten Bootskontakt mit den Oberschenkeln haben. Bei Kajaks mit Fußsteuerung den Abstand der Pedale so wählen, dass Sie mit leicht angewickelten Beinen im Boot sitzen und genügend Spielraum nach vorne haben, um das Pedal durchzutreten und das Steuer bewegen zu können.

Einsteigen

Kanu parallel zum Ufer ausrichten, bei starker Strömung mit dem Bug (=Bootsspitze) gegen die Strömungsrichtung. Zum Einsteigen das Boot mit der sogenannten „Paddelbrücke" stabilisieren: Paddel im rechten Winkel zum Boot über Süllrand (=Bootsrand) und Ufer oder Steg legen; mit einer Hand Süllrand und Paddel fassen und mit der anderen Hand das Paddel aufs Ufer drücken. Zum Einsteigen das Gewicht über das Paddel verlagern und mit dem bootsseitigen Fuß zuerst einsteigen. Anschließend möglichst rasch hinsetzen, d. h. im Kajak gleich auf den Sitz rutschen, um einen tiefen Schwerpunkt zu erzielen und die Stabilität des Kanus zu erhöhen.

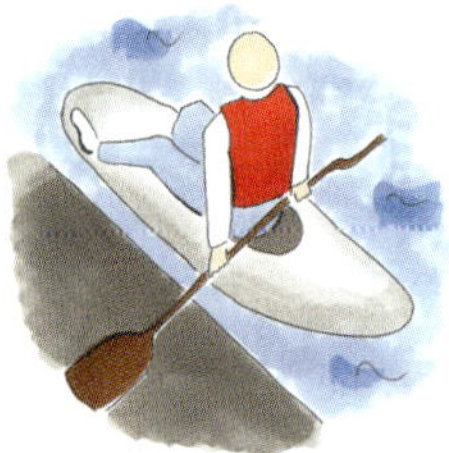

Spritzdecke

Spritzdecke zunächst hinter dem Körper um den Süllrand legen und von hinten nach vorne schließen; abschließend nach vorne über den Süllrand ziehen. Dabei unbedingt darauf achten, dass die Lasche vorne herausguckt, um die Spritzdecke im Falle einer Kenterung leichter öffnen zu können.

Paddelhaltung

Das Paddel in beide Hände nehmen und auf den Kopf legen. Die optimale Griffbreite ist erreicht, wenn der Winkel zwischen Ober- und Unterarm ein wenig kleiner als 90 Grad ist.

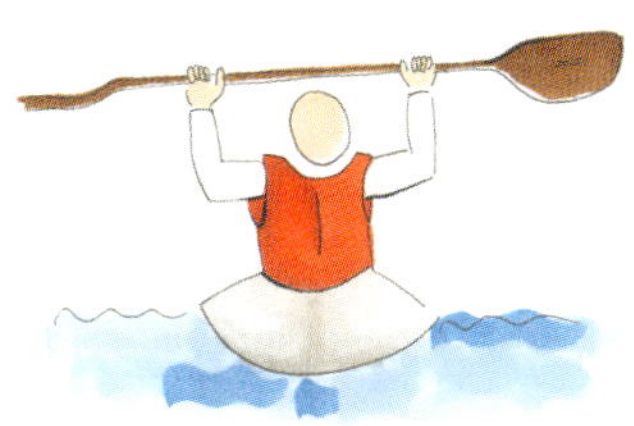

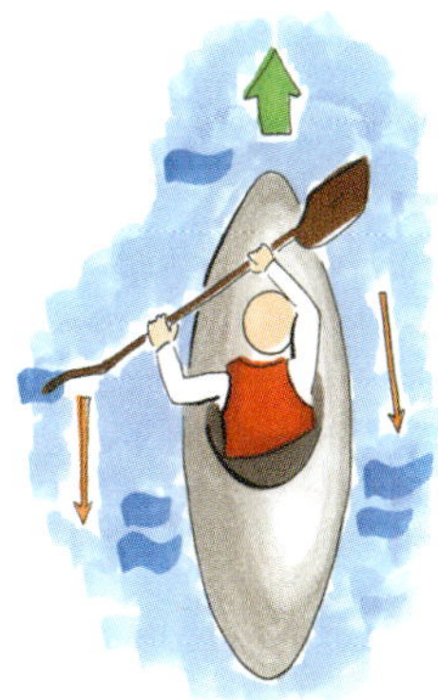

Grund- und Treibschlag

Mit leicht nach vorne gebeugtem Oberkörper Paddel vorne, dicht neben der Bootswand einsetzen. Die „Zughand" zieht das Paddel parallel am Boot entlang nach hinten, während die „Druckhand" das sich in der Luft befindliche Blatt nach vorne drückt. Die Bewegung nicht allein mit den Unterarmen ausführen, sondern zur Unterstützung bei gestrecktem Arm den Oberkörper mitdrehen. Ist das aktive Paddelblatt knapp hinter der Sitzposition, den Zug stoppen und die Seite wechseln.

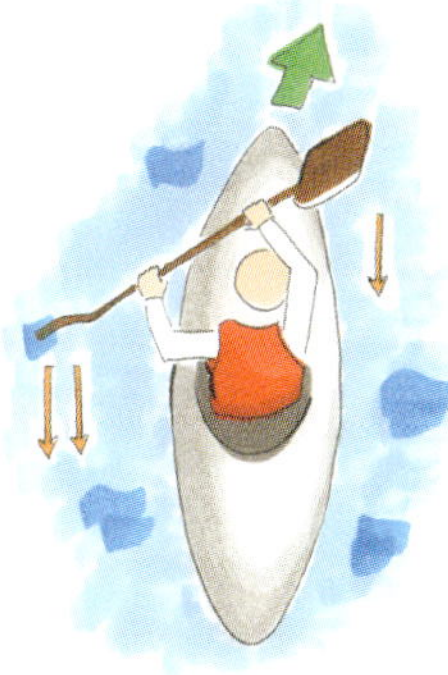

Steuern

Wird der Paddelschlag auf der linken Seite stärker ausgeführt, dreht der Bug nach rechts – und umgekehrt. So können Sie das Boot – ganz ohne die ebenfalls erhältlichen Fußsteueranlagen – auf Kurs halten. Sind starke Kursänderungen erforderlich, erreichen Sie diese mit dem Bogenschlag. Beim Ab- und Anlegen mit Kajaks die über eine Steueranlage verfügen unbedingt daran denken, das Steuer rechtzeitig einzuklappen, um es nicht zu verbiegen.

Ziehschlag

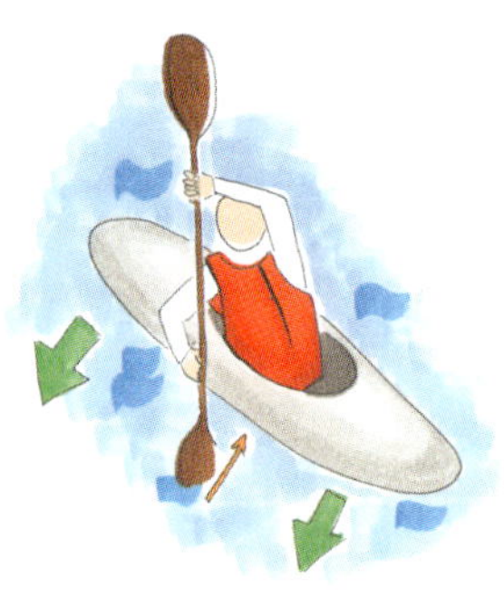

Steuerschlag, um das Boot seitlich zu versetzen; dazu das Paddelblatt möglichst weit entfernt senkrecht zur Längsachse und parallel zum Boot ins Wasser tauchen und nicht zu dicht, an die Bootswand heranziehen und nach oben aus dem Wasser nehmen. Dabei darauf achten, dass das Paddelblatt nicht unter den Bootskörper gezogen wird, da dies zum Kentern führen kann.

Bogenschlag

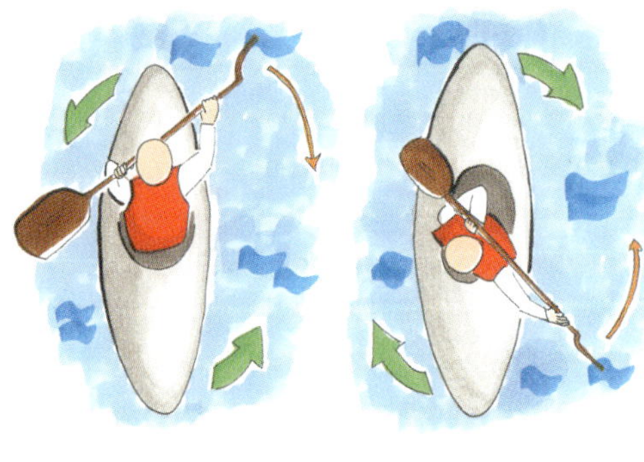

vorwärts *rückwärts*

Steuerschlag, um das Boot zu drehen: vorwärts ausgeführt, dreht er das Boot weg von der Schlagseite. Dazu das Paddel möglichst weit vorne und dicht am Boot eintauchen und das Paddelblatt flach unter der Wasseroberfläche in einem weiten Halbkreis um das Boot bis nahe ans Heck führen. Je größer der Radius, desto stärker die Steuerwirkung. Um das Kanu abzubremsen und gleichzeitig eine Kurskorrektur zur Paddelseite hin durchzuführen, können Sie den Bogenschlag rückwärts ausführen.

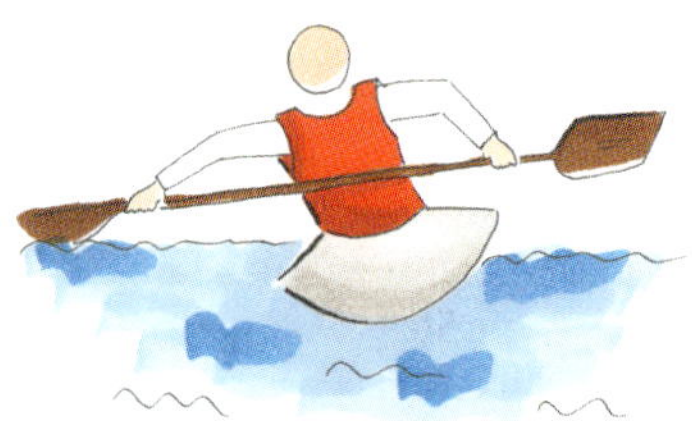

Paddelstütze

Stabilisierungsschlag, bei dem das Paddel als Ausleger genutzt wird, um das Kentern zu verhindern; dazu einfach das Paddel auf der Seite, zu der das Boot zu kippen droht, soweit wie möglich nach außen flach auf das Wasser drücken.

Kanadier-Fahrschule

Allgemeines

Auf dem hinteren Sitz nimmt in der Regel der erfahrenere oder kräftigere Paddler Platz. Er gibt im Flachwasser die grobe Richtung vor, der Vordermann versucht ihn zu unterstützen. Der Vordermann gibt die Schlagzahl vor; achten Sie darauf, einen möglichst gleichmäßigen Schlagrhythmus einzuhalten, um ein „Aus-dem-Ruder-laufen" zu vermeiden. Je nach Ausdauer kann ein gelegentlicher Wechsel der Paddelseiten stattfinden, der von beiden nach Absprache gleichzeitig durchgeführt wird. Der Vordermann hat stets die Aufgabe auf Hindernisse, die direkt vor dem Kanadier auftauchen, aufmerksam zu machen.

Einsteigen

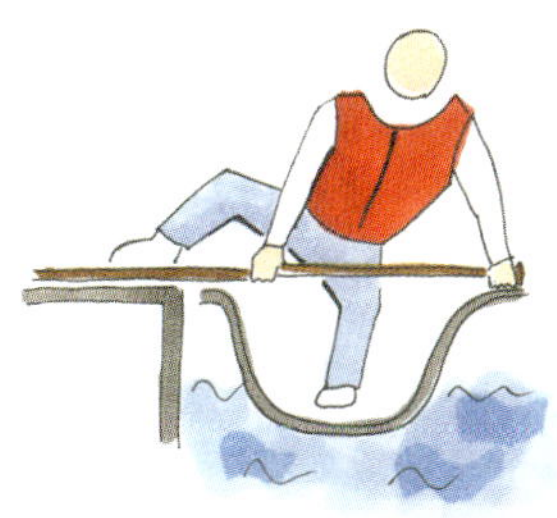

Kanu parallel zum Ufer ausrichten, bei starker Strömung mit dem Bug (= Bootsspitze) gegen die Strömungsrichtung. Zum Einsteigen das Boot mit der sogenannten „Paddelbrücke" stabilisieren: Paddel im rechten Winkel zum Boot über Süllrand (= Bootsrand) und Ufer oder Steg legen; mit einer Hand Süllrand und Paddel fassen und mit der anderen Hand das Paddel aufs Ufer drücken. Zum Einsteigen das Gewicht über das Paddel verlagern und mit dem bootsseitigen Fuß zuerst einsteigen. Anschließend möglichst rasch hinsetzen oder beim Kanadier auch möglich, eventuell hinknien, um einen tiefen Schwerpunkt zu erzielen und die Stabilität des Kanus zu erhöhen.

Aussteigen

Wie Einsteigen, nur in umgekehrter Reihenfolge.

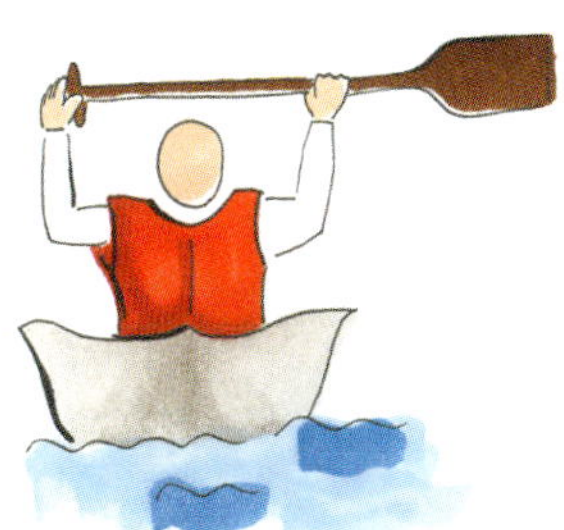

Paddelhaltung

Eine Hand fasst den Paddelknauf, hierbei wird der Griff von oben wie beim Spaten umfasst. Die andere Hand umgreift den Paddelschaft, so dass Ober- und Unterarm einen Winkel von 90 Grad bilden.

Grund- und Treibschlag

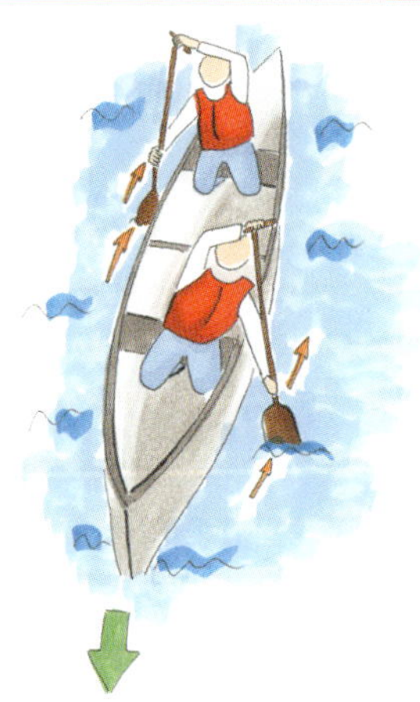

Das ganze Paddelblatt wird senkrecht ins Wasser getaucht und parallel zum Boot (in Bootslängsachse) bis etwa auf Körperhöhe durchs Wasser gezogen. Dabei wird mit dem unteren Arm gezogen, während der obere Arm drückt; gleichzeitig wird der Oberkörper etwas nach vorne geneigt und mitgedreht. Stimmen Vorder- und Hintermann ihren Grundschlag aufeinander ab, bewegt sich der Kanadier kursstabil geradeaus. Paddelt nur einer, bewegt sich das Kanu der paddelabgewandten Seite zu.

Steuern oder J-Schlag (nur Hintermann)

Dabei wird das Paddel zuerst wie beim Grundschlag geführt, am Körper vorbei in einer Bogenbewegung mit der wasserverdrängenden Paddelseite vom Boot weggedrückt. Dabei zeigt der Daumen der Hand am Paddelknauf nach unten und der Handrücken nach außen. Der Vordermann kann weiterhin den Grundschlag ausführen oder die Drehbewegung mit einem Bogenschlag verstärken. Der J-Schlag ist besonders vorteilhaft für Solokanadier, da er das „Aus-dem-Ruder-laufen" bei der normalen Geradeausfahrt verhindert.

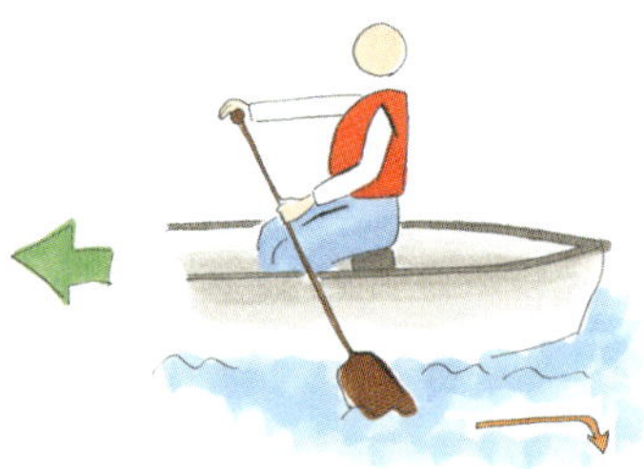

Ziehschlag

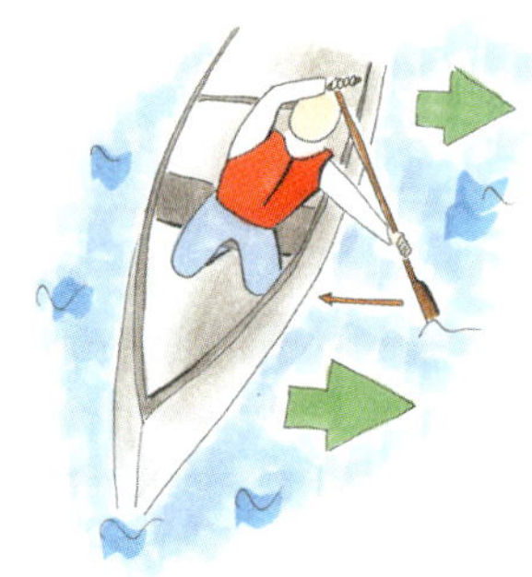

Steuerschlag, um das Boot seitlich zu versetzen; dazu das Paddelblatt möglichst weit entfernt senkrecht zur Längsachse und parallel zum Boot ins Wasser tauchen und, nicht zu dicht, an die Bootswand heranziehen und nach oben aus dem Wasser nehmen. Dabei darauf achten, dass das Paddelblatt nicht unter den Bootskörper gezogen wird, da dies zum Kentern führen kann.

Bogenschlag

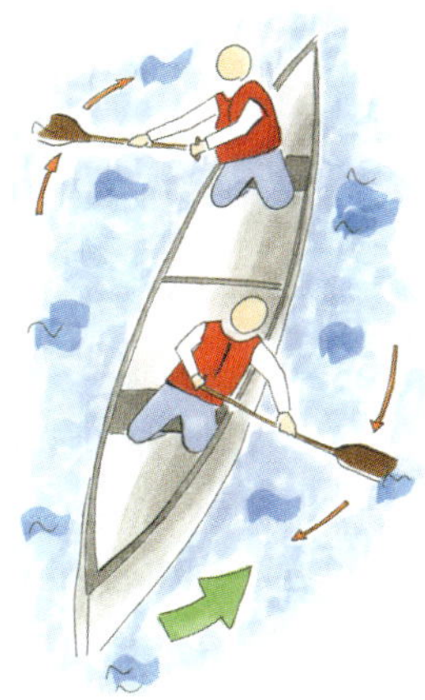

Steuerschlag, um das Boot zu drehen. Um einen Zweierkanadier auf der Stelle zu drehen, führt der Vordermann den Bogenschlag vorwärts und der Hintermann den Bogenschlag rückwärts aus (oder umgekehrt, aber immer gegenläufig). Vorne vorwärts: das Paddel möglichst weit vorne und dicht am Boot eintauchen und das Paddelblatt flach unter der Wasseroberfläche in einem Viertelskreis bis auf Körperhöhe führen. Hinten rückwärts: Beginn nahe am Heck des Bootes und das Paddelblatt von hinten nach vorne im Viertelskreis bis auf Körperhöhe führen. Dies dreht das Boot weg von der Paddelseite des Vordermanns. Zum Drehen zur anderen Seite werden die Schläge genau gegenläufig durchgeführt: vorne rückwärts, hinten vorwärts. Jeweils gilt, je größer der Radius, desto stärker die Steuerwirkung.

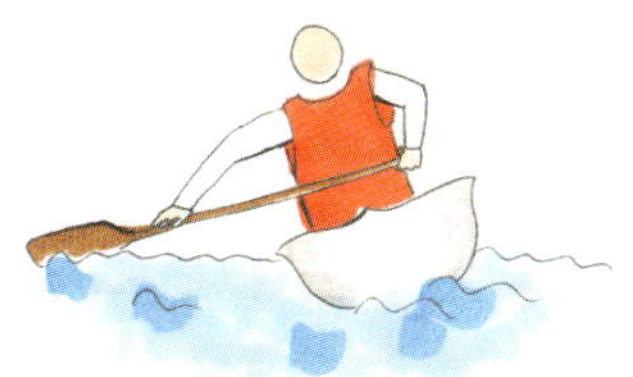

Paddelstütze

Stabilisierungsschlag, bei dem das Paddel als Ausleger genutzt wird, um das Kentern zu verhindern; dazu einfach das Paddel auf der Seite, zu der das Boot zu kippen droht, soweit wie möglich nach außen flach auf das Wasser drücken.

Kanukurse in der Region:

kanuFISCH, Bollmannsruh 4, 14778 Bollmannsruh, Tel. (03383) 83 09 00 oder 0176-508 030 15, www.kanufisch.com
Einzel- oder Gruppentraining am Oberen Beetzsee bei Birgit Fischer, der erfolgreichsten deutschen Olympia-Teilnehmerin und Kanutin der Welt.

Kanu-Verein Falke e.V., Königstraße 69, 14109 Berlin-Wannsee, Tel. 0163-233 70 98, www.kanu-verein-falke.de

Tegeler Kanu-Verein e.V., Gabrielenstraße, Siedlung am Fließ 27b, 13507 Berlin, Tel. (030) 452 79 25 & 0170-117 82 32, www.tkv.berlin

Tipps zum Kanuwandern auf Potsdamer Gewässern

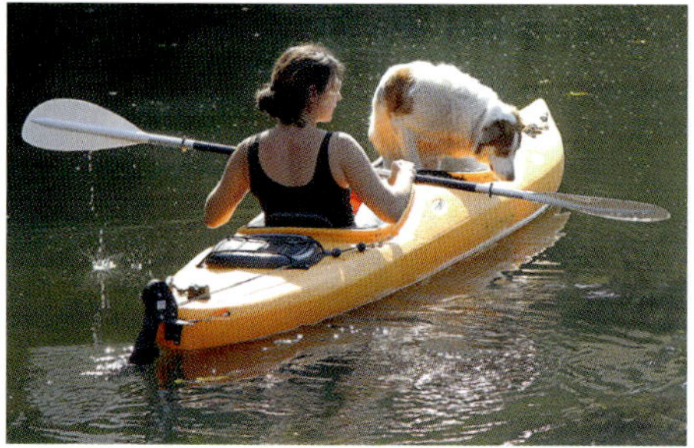

Auf den Gewässern am Rande Berlins geht es auch oft beschaulich zu.

Kräftige Strömung oder gefährliche Wehre sind auf den Berliner und Brandenburger Gewässern nicht zu erwarten und das Paddeln ist im Allgemeinen ungefährlich. Besondere Vorsicht ist geboten auf großen, offenen Wasserflächen und bei starkem Motorbootverkehr am Wochenende auf den beliebten Ausflugsgewässern. Mit den folgenden **Verhaltens- und Umwelt-Tipps** macht das Paddeln mehr Freude und Sie sind stets sicher unterwegs:

- *Allein sollte nur paddeln, wer sein Kanu gut beherrscht.*
- *Das Tragen eine Schwimmweste sollte selbstverständlich sein.*
- *Kinder müssen immer eine ohnmachtssichere Rettungsweste tragen.*
- *Um vor unliebsamen Überraschungen sicher zu sein, sind vor der Fahrt detaillierte Informationen über den Streckenverlauf unerlässlich.*
- *Das Gepäck gehört nach Möglichkeit ins Boot. Alles was an Deck mitgenommen wird sollte gut festgezurrt werden, um es gegen Verlust bei Kenterung zu sichern.*
- *Niemals alkoholisiert ins Kanu steigen. Die zulässige Blutalkoholkonzentration auf dem Wasser beträgt genauso wie an Land 0,5 Promille.*
- *Ein aufgefrischter Erste-Hilfe-Kurs sollte selbstverständlich sein, um nicht nur anderen, sondern auch sich selbst helfen zu können.*
- *Starten und beenden Sie eine Kanutour nur an den ausgewiesenen Ein- und Ausstiegsstellen. Wollen Sie ein privates Kanus auf dem Gelände eines Bootsvermieters zu Wasser lassen, so gehört es zum guten Ton, vorher um Erlaubnis zu fragen.*
- *Bei Gewitter gilt: Runter vom Wasser!*
- *Anfänger sollten Kajaks mit*

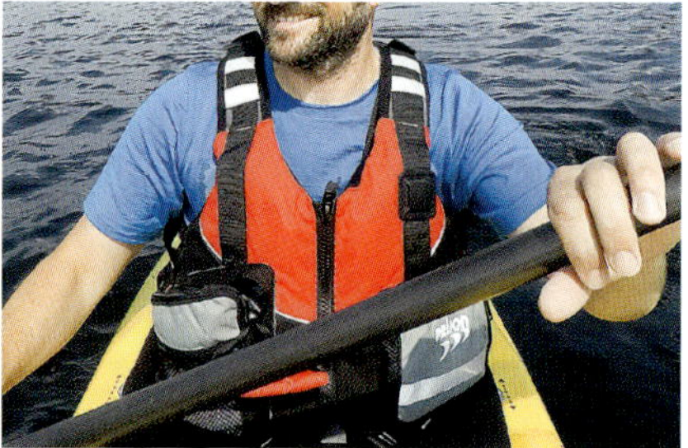

Ob Anfänger oder Profi: Nie ohne Schwimmweste aufs Wasser!

Fußsteueranlage mieten. Das erleichtert das Manövrieren und ermöglicht kurzfristige Ausweichmanöver.

- *Grillen und Lagerfeuer sind nur bei niedriger Waldbrandstufe und nur an den dafür freigegebenen Feuerstellen gestattet.*
- *Wildzelten ist nicht zu verantworten und nicht erlaubt. Auf den meisten der hier beschriebenen Touren finden sich einfache Wasserwanderrastplätze, Campingplätze, Jugendherbergen, Gasthöfe und Hotels, so dass die Übernachtung in Wassernähe kein Problem darstellt.*
- *Auf Kanälen sowie in engen Fahrwassern und auf unübersichtlichen Gewässerabschnitten sollten auch Kanus grundsätzlich rechts fahren.*
- *Weichen Sie Motorbooten rechtzeitig aus und behalten Sie im Hinterkopf, dass oft Freizeitskipper unterwegs sind, die ihr Boot nicht immer „souverän" steuern.*
- *Mit einem Fahrradschloss lässt sich das Kanu beim citynahen Landgang gegen Diebstahl sichern.*

Kennzeichnungspflicht

Viele der Berliner und Brandenburger Gewässer sind Bundeswasserstraße und es gelten die Vorschriften der Binnenschifffahrtsstraßen-Ordnung (Binnenschifffahrtszeichen finden Sie in der vorderen Umschlagklappe). Kanus sind auf Binnenschifffahrtsstraßen zwar von der Führung eines amtlichen Kennzeichens befreit, müssen aber dennoch gekennzeichnet sein, um Ärger und eine Geldstrafe zu vermeiden:

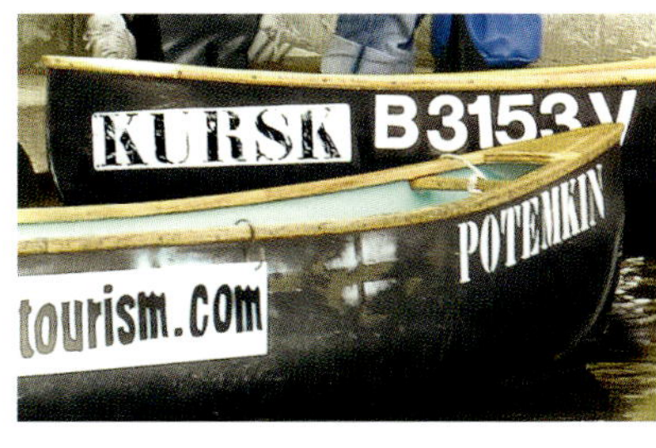

1. **Bootsname** ***auf beiden Außenseiten in gut lesbaren mindestens 10 cm hohen lateinischen Schriftzeichen.*** *Alternativ der Name der Organisation oder des Vereins, dem es angehört, oder deren gebräuchliche Abkürzung, mit einer Nummer dahinter. Die Schriftzeichen müssen in heller Farbe auf dunklem Grund oder in dunkler Farbe auf hellem Grund angebracht sein.*
2. **Name und Anschrift des Eigentümers** *an gut sichtbarer Stelle innen oder außen.*

Weitere Informationen zu den Reglungen auf Schifffahrtsstraßen finden Sie in der Broschüre „Sicherheit auf dem Wasser. Leitfaden für Wassersportler", der unter www.elwis.de kostenlos heruntergeladen werden kann.

Mobil mit Bus und Bahn in Berlin & Brandenburg

Der öffentliche Personennahverkehr ist viel besser als sein Ruf und hervorragend ausgebaut. Das bietet eine ganze Reihe von Vorteilen für Kanufahrer. Ohne eigenes Boot und Auto können Sie bequem mit Bus und Bahn anreisen und vor Ort ein Kanu mieten. Paddler auf eigenem Kiel kommen nach der Tour schnell und ohne lange Wartezeit zurück zum Auto und insbesondere Faltbootfahrer profitieren von dem guten ÖPNV-Angebot: Nach der Tour einfach das Boot abbauen und schon geht es mit Bahn oder Bus nach Hause. Der VBB-Tarif gilt nicht nur für Berlin und das Umland, sondern für Berlin und ganz Brandenburg.

Berlin und Potsdam sind jeweils, ausgehend vom Zentrum, in die drei Tarifbereiche A,B und C unterteilt, wobei der Bereich C den an die jeweilige Stadt angrenzenden Landkreis mit einschließt.

Außerdem gehört die Stadt Potsdam gleichzeitig dem Tarifbereich C von Berlin an. Fahrausweise können für zwei benachbarte Tarifbereiche (AB, BC) oder für die drei Tarifbereiche ABC gelöst werden. Wer z.B. nach Tour 2 von Potsdam das Auto aus Werder zurückholen möchte, benötigt einen Fahrschein für das Tarifgebiet Potsdam ABC für 2,60 €. Die folgende Übersicht bietet eine erste Orientierung im VBB-Tarif-Dschungel.

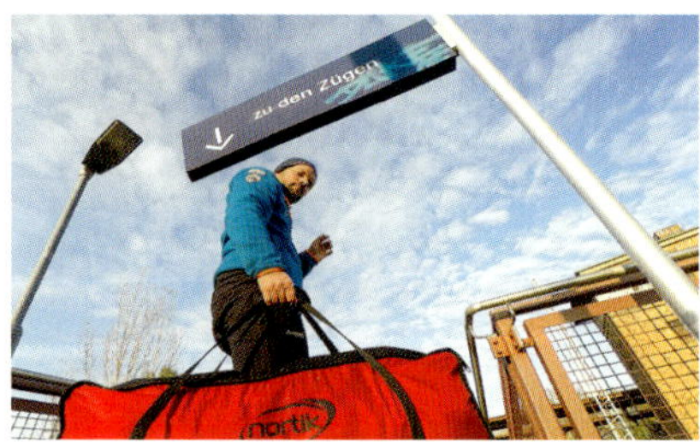

Ein Faltboot lässt sich problemlos in S- und U-Bahn mitnehmen.

Einzelfahrausweis in Berlin & Potsdam	Regeltarif / Ermäßigungstarif*	
	Berlin	**Potsdam**
Kurzstrecke (max. 3 S/U- bzw. 6 Bus-Stationen ohne Umsteigen)	1,70 € / 1,30 €	1,40 € / 1,00 €
Kurzstrecke (4-Fahrten)	5,60 € / 4,40 €	-
AB	2,70 € / 1,70 €	1,90 € / 1,40 €
AB (4-Fahrten)	9,00 € / 5,60 €	-
BC	3,00 € / 2,10 €	1,80 € / 1,30 €
ABC	3,30 € / 2,40 €	2,60 € / 1,90 €
Tageskarte (gültig bis 3 Uhr morgens am Folgetag)		
AB	7,00 € / 4,70 €	4,00 € / 3,00 €
BC	7,30 € / 5,10 €	3,80 € / 2,90 €
ABC	7,60 € / 5,30 €	5,60 € / 4,20 €

** Ermäßigungstarif gilt für Kinder 6-14 Jahre*

Info: www.vbbonline.de oder Tel. (030) 25 41 41 41. www.bvg.de

Blick auf die Region

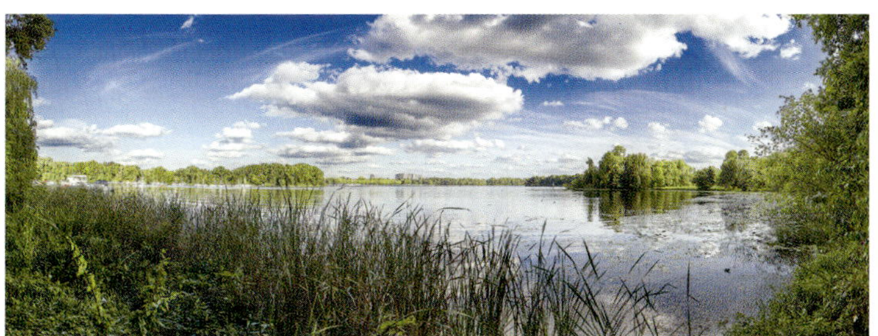

Eine Symphonie aus Wasser und Wald am Tegeler See, dabei ist das Brandenburger Tor nicht einmal 20 Kilometer entfernt.

Berlin und Brandenburg könnten unterschiedlicher nicht sein. Hier die pulsierende Metropole mit ihren 3,5 Millionen Einwohnern, drumherum der spärlich besiedelte ländliche Raum. Neben der räumlichen Nähe ist Wasser das verbindende Element zwischen diesen Gegensätzen. Als sich am Ende der letzten Eiszeit vor über 10.000 Jahren die Gletscher zurückgezogen hatten, hinterließen sie eine Grundmoränenlandschaft mit unzähligen Seen, Feuchtgebieten und Mooren sowie windungsreichen Flussläufen.

Den Auftakt der Havelgewässer am westlichen Stadtrand, seit jeher ein beliebtes Ausflugsziel, macht der Tegeler See im Bezirk Reinickendorf, eine etwa fünf Kilometer lange Ausbuchtung der Havel. Der zweitgrößte der Berliner Seen lockt mit klarem Wasser, schönen Badestellen und einem faszinierenden Insellabyrinth aus kleinen Inseln, die nur auf dem Wasserweg zu erreichen sind.

Etwa drei Kilometer weiter südlich – dort, wo die Spree in die Havel mündet, wurde vor über 400 Jahren die Spandauer Zitadelle errichtet. Sie gilt als eine der am besten erhaltenen Festungen Europas aus der Renaissance-Zeit und vermittelt einen Eindruck davon, wie man sich im 16. Jh. die Feinde vom Leib gehalten hat.

Südöstlich der Spandauer Altstadt versteckt sich in der von vielen Kanälen durchzogenen Kleingartenkolonie „Klein-Venedig" ein wahres Kleinod, bevor sich die Havel zum Großen Wannsee ausbuchtet.

Von der kleinen Landspitze am Düppeler Forst im gleichnamigen Ortsteil Wannsee bringt die Fähre Luise die Ausflügler auf die Pfaueninsel. Das Havel-Eiland, einst Sommersitz von Friedrich Wilhelm III., steht seit 1924 unter Naturschutz und zählt zum UNESCO-Weltkulturerbe.

Die Landeshauptstadt Brandenburgs ist die einzige Großstadt im Berliner Umland und die ehemals hier residierenden preußischen Könige haben sich mit einzigartigen Schloss- und Parkanlagen, allen voran Schloss Sanssouci, ein eindrucksvolles Denkmal gesetzt. Auf dem sich südlich anschließenden Schwielowsee drehte schon Albert Einstein im Segelboot seine Runden und er gilt unter Wassersportlern und Ausflüglern bis heute als einer der schönsten Potsdamer Havelseen.

Die mittelalterlichen Gassen der auf einer Insel gelegene Altstadt von Werder laden zum Bummel ein und seit 1879 wird hier im Zentrum des Havelländischen Obstanbaus im Frühjahr die Werderaner Baumblüte gefeiert. Sie zählt zu den größten Volksfesten Deutschlands. Der 1197 erstmals erwähnte Fischerort Ketzin, ebenfalls mit historischen, verwinkelten Gassen ausgestattet, markiert schließlich den Übergang von den Potsdamer Havelseen zur Mittleren Havel, die sich nun ihren Weg zur Stadt Brandenburg sucht.

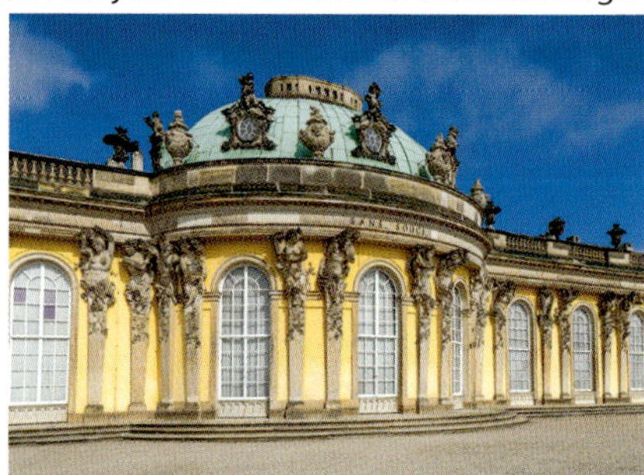

„Ohne Sorgen" lautete das Motto für das Lustschloss Friedrich des Großen bei Potsdam.

Wichtiges zu den Touren

In diesem Buch finden Sie eine Auswahl von vier besonders lohnenden Routenvorschlägen für die Tagestour oder Wochenendfahrt aus dem großen Angebot an Paddelmöglichkeiten auf den Gewässern am westlichen Stadtrand bzw. Umland von Berlin und natürlich lassen sich die einzelnen Touren auch zu mehrtägigen Kanuwanderungen verknüpfen.

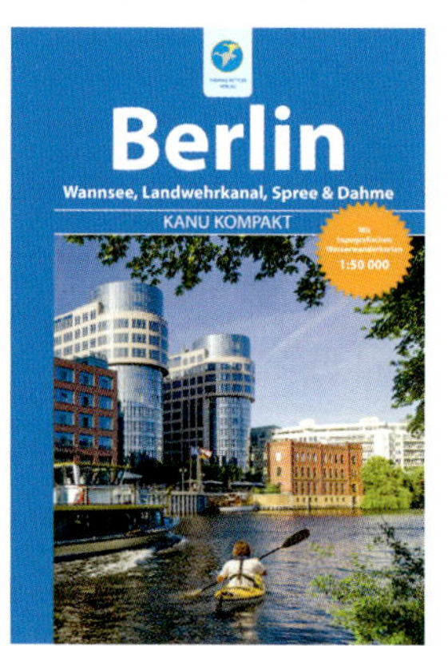

Wer will gelangt über die Spree gar ins Zentrum Berlins und von dort weiter ins Seengebiet zwischen Erkner, Köpenick und Königs Wusterhausen (KANU KOMPAKT **Berlin** und KANU KOMPAKT **Märkische Umfahrt**).

Alle vorgestellten Touren liegen innerhalb einer **Entfernung** von weniger als 40 Kilometer zum Zentrum und sind gut mit öffentlichen Verkehrsmitteln zu erreichen. Das macht es im Anschluss an eine Tour besonders einfach zurück zum Auto zu gelangen, aber auch Einweg-Touren mit Faltbooten sind gut möglich.

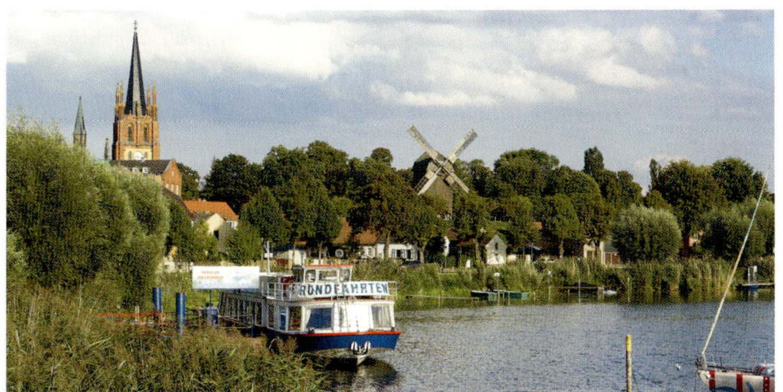

Die neugotische Heilig-Geist-Kirche und eine rekonstruierte Bockwindmühle prägen die Silhouette von Werder.

Die **Strömung** ist auf allen Touren praktisch zu vernachlässigen und die Strecken daher auch gut für Anfänger oder Familien geeignet.

Die **beste Paddelzeit** ist die von Frühjahr bis Herbst.

Größere paddeltechnische **Schwierigkeiten** sind auf keiner der beschriebenen Strecken zu erwarten. **Gefahr** durch Wellen bei stärkerem Wind drohen vor allem auf dem großen Schwielowsee.

Das vielleicht größte Problem bereiten **Ausflugsdampfer** und **Motorboote**. Besonders bunt wird der Trubel naturgemäß an sonnigen Wochenenden sowie in den Ferien, an Ostern, Himmelfahrt und Pfingsten.

Berufsschifffahrt begegnen Sie hauptsächlich auf der Potsdamer Havel und dem Sacrow-Paretzer Kanal.

Die aufgeführten **Übernachtungsstellen** liegen immer in Wassernähe. Um sich seines Bettes sicher zu sein ist es aber zu empfehlen, telefonisch vorzubestellen – in der Hauptsaison zeitig im Voraus.

Für **Marinas**, **Sportboothäfen** und **Wasserwanderrastplätze** wird das Zeichen **„Gelbe Welle"** als Informationsinstrument eingesetzt. Dieses in den Karten zu findende Symbol steht für Qualität, Sicherheit und Umweltschutz und soll Wassersportlern signalisieren, dass sie willkommen sind und informiert durch zusätzliche Piktogramme, welche Angebote am Standort bestehen.

Wer vom Wasser mal genug hat, den erwarten zahlreiche kulturelle **Sehenswürdigkeiten** und **Freizeitangebote** und die herrliche Natur im Berliner Umland bietet ideale Voraussetzungen für die verschiedensten Aktivitäten von Baden, bis hin zu ausgedehnten Spaziergängen und Radtouren. Neben den im **Adressteil** aufgeführten Fahrradvermietern bekommen Sie teilweise auch bei den Campingplätzen und Hotels Fahrräder zu mieten.

Die im **Infoteil** jeder Tour vorgeschlagenen Etappen und Zeitangaben verstehen sich ohne Wanderungen, Stadtrundgänge und Museumsbesuche. Viele **Museen** haben montags geschlossen. **Öffnungszeiten** haben wir so dargestellt: Di-So 10-17, was heißen soll, dass Dienstag bis Sonntag von 10.00 Uhr bis 17.00 Uhr geöffnet ist.

Hinweis zu den Kilometerangaben

Zur Orientierung finden Sie, jeweils bei ***km 0*** am Startpunkt beginnend, sowohl den laufenden ***blauen Tourenkilometer*** als auch darunter in Klammern den jeweiligen ***amtlichen schwarzen Kilometer.***
Die „amtliche" Kilometerzahl ist auf den Wasserwanderwanderkarten eingezeichnet. Entlang der offiziellen Wasserstraßen finden Sie am Ufer z. T. weiße Kilometertafeln mit schwarzer Schrift und schwarzem Rand mit dieser Kilometrierung.
Die blaue Kilometrierung mit gelben Rand ist keine „offizielle" Kilometerangabe, sondern ungefähre Entfernungen, die zum Teil mit dem GPS vor Ort ermittelt, zum Teil in der Karte gemessen wurden.
Sie können die Entfernungen leicht in den Karten abmessen: Die Strecke von einem gelben Punkt zum nächsten entspricht einem Kilometer. Alle fünf Kilometer sind die ***amtlichen schwarzen Kilometerzahlen*** ausgeschrieben. Die Karten haben einen Maßstab von 1:60.000.

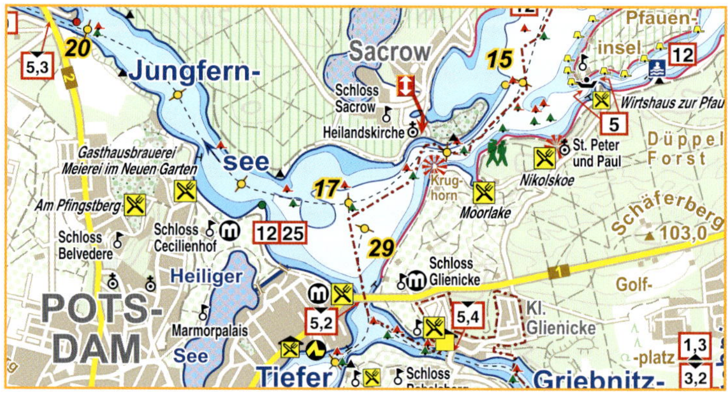

Die jeweilige Wasserstraße wird durch die folgenden Abkürzungen angegeben:

UHW = *Untere Havel-Wasserstraße*
PHv = *Potsdamer Havel*
HOW = *Havel-Oder-Wasserstraße*
SOW = *Spree-Oder-Wasserstraße*

Werder – Ketzin – Wublitz-Runde

Aktivitäten	Natur	Kultur	Baden	Hindernisse
★★	★★	★★	★★★	

Charakter der Tour

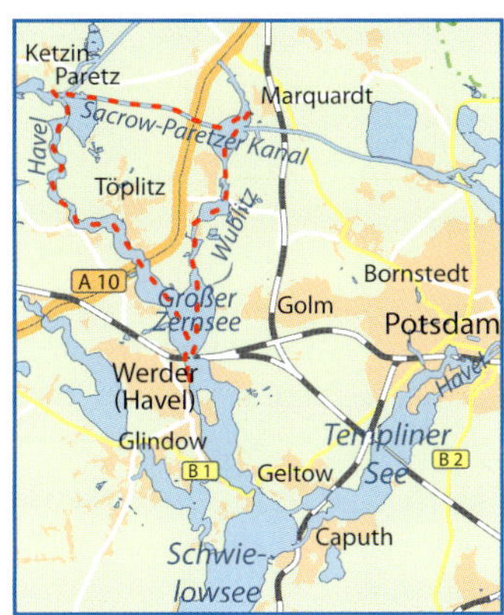

Diese ruhige Rundtour beginnt in der „Baumblütenstadt" Werder und führt über die Havel in nördliche Richtung nach Ketzin. Anschließend geht es über den Sacrow-Paretzer-Kanal nach Marquardt mit seinem Schloss und die motorbootfreie Wublitz zurück. Die Tour um die Insel Töplitz lässt sich entweder als sportliche Tagestour oder gemütlich mit einer Übernachtung machen. Wer in die Bruchlandschaft um Ketzin mit seinen zahlreichen Seen paddelt, kann die Tour noch verlängern.
Aufgrund des regen Motorbootverkehrs zwischen Paretz und Werder empfiehlt es sich früh zu starten und die Tour wie vorgeschlagen im Uhrzeigersinn zu fahren. So ist dann zur „Hauptverkehrszeit" die motorbootfreie Strecke auf der Wublitz erreicht. Am eindrucksvollsten ist die Fahrt zur Zeit der Obstblüte im April oder Mai, aber auch die anderen Jahreszeiten haben ihren Reiz.

Sehenswürdigkeiten *(in der Reihenfolge des Tourenverlaufs)*

Werder: *Heilig-Geist-Kirche* (nach Plänen Stülers auf Grundmauern einer Kirche aus dem 13. Jh. erbaut), *Obstbaumuseum*, *Bockwindmühle*, das barocke *Alte Rathaus*, *Baumblütenfest* (Apr/Mai), *Mühlenfest* (Aug).

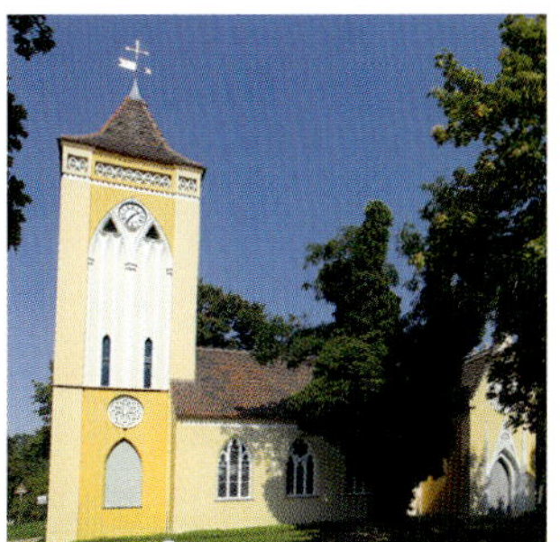

Paretz: *Schloss & Dorf Paretz*, 1797-1804 von David Gilly als Sommerresidenz für den Kronprinzen Friedrich Wilhelm III. errichtet, *Dorfkirche* (1797) *siehe Foto*, *Bockwindmühle* (Ende 19. Jh.).
Ketzin: *Heimatmuseum*; *historische Lokomotiven*, Triebzüge und Wagons der Dt. Reichsbahn auf dem Gelände des ehem. Bahnhofs; *neugotische Kirche*

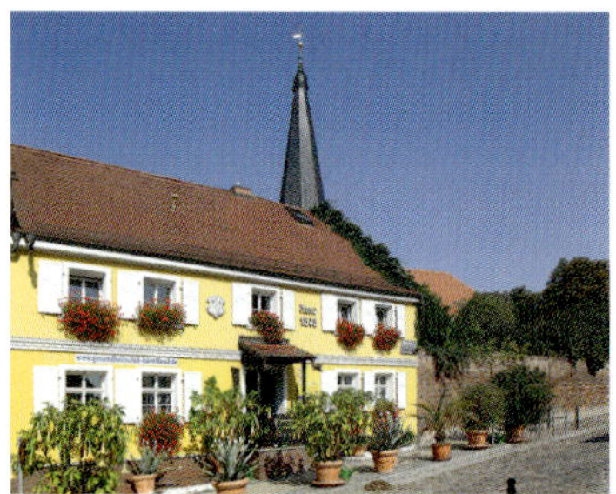

Fischerstädtchen Ketzin.

von 1910; barocke *St. Petri-Kirche* (1758–1763) mit Turm (um 1200).
Marquardt: *Lenné-Park* und *neobarocke Schlossanlage* (18. Jh.).

Sonstige Aktivitäten

Paddeln
Kanutour auf der Havel nach Brandenburg oder Berlin.

Radfahren
Rundtour Werder – Phöben – Kemnitz – Werder (ca. 27 km).
Rundtour Werder – Golm – Grube – Eiche – Wildpark – Werder (24 km).
Rundtour Werder – Phöben – Paretz – Marquardt.
Rundtour Werder – Petzow – Ferch – Caputh – Geltow – Werder (ca. 33 km).
Mehrtagestouren auf dem **Havel-Radweg**.

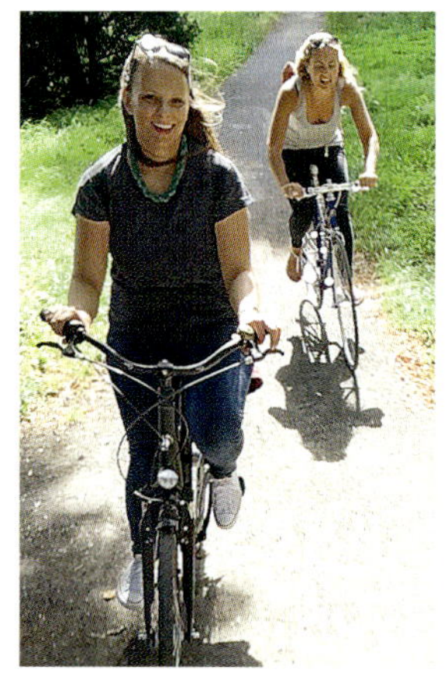

Wandern
Panoramaweg „Werderobst" (Petzow – Glindowsee – Ziegeleimuseum Glindow – Lilienthaldenkmal auf dem Derwitzer Mühlenberg, ca. 15 km).
Rundwanderung über die **Insel Töplitz,** die z.T. unter Naturschutz steht (ca. 12 km).
Wanderung von **Ketzin** zum **Aussichtsturm Götzer Berge** *(108 m, herrlicher Blick)* über **Schmergow** *(mittelalterl. Feldsteinkirche)* und **Deetz** *(Heimatmuseum zur Ziegeleigeschichte, Feldsteinkirche)* und zurück (25 km).

Sonstiges
Weinbergbesichtigung und **Verkostung** in **Werder**.
Ausflugsfahrt mit dem Dampfer über die **Havelseen**.

Anreise

Mit dem Auto: Autobahn A10 (Berliner Ring) bis Ausfahrt 23/Phöben, weiter auf Phöbener Chaussee/L90 nach Werder.
Mit Bus & Bahn: Regionalexpress RE 1 in rund 30 Min. von Berlin Zoologischer Garten bis Werder.

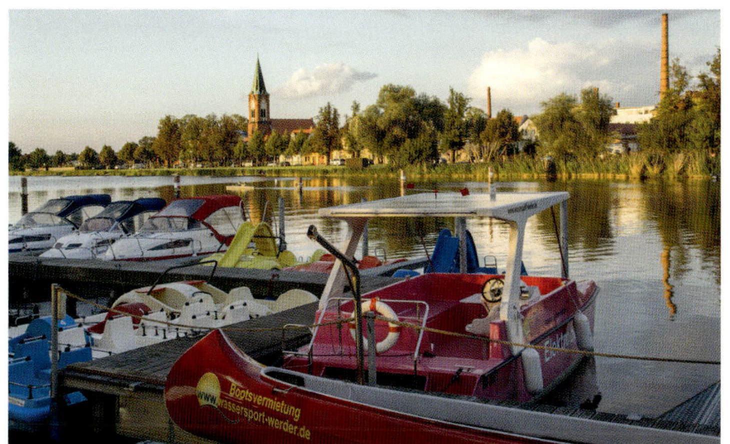

Dank der Bootsvermietung an der Uferpromenade kommen auch Kapitäne ohne eigenes Boot aufs Wasser.

Kanuvermieter *(Adressen in alphabetischer Ortsreihenfolge Seite 96)*

„Krüger & Till" in **Werder.**
„Kajakverleih am Schwielowsee" in **Petzow.**
„Havellandreisen" (lange vorher reservieren) im Strandbad **Ketzin/Havel.**

Etappenvorschlag

1.Tag: Werder – Ketzin 15 km
2.Tag: Ketzin – Werder 19 km
Die Tour lässt sich auch als ausgedehnte Tagestour paddeln.

Tipps für Tagestouren

Werder – Marquardt je nach Fahrtrichtung über die Wublitz 8 km oder über Templiner See und Potsdam 22 km und mit dem Zug zurück.
Von Werder nach Potsdam (siehe Tour 2).

Ein- und Ausssetzstelle:
Uferpromenade in Werder vor der Brücke zur historischen Altstadt *(Navi: Unter den Linden, 14542 Werder/Havel).*

Länge der Tour:	ca. 34 km
Dauer:	1-2 Tage
Umtragestellen:	keine

km 0

Boot- & Fahrrad-vermietung Krüger & Till
(03327) 424 24

Surf und Sail
Unter den Linden 1
(03327) 432 95

Startpunkt für die Rundtour ist die Uferpromenade bei der *Bootsvermietung Werder Krüger & Till* an der Brücke hinüber auf die Altstadtinsel von Werder. Im *Wassersportfachgeschäft „Surf und Sail“*, nur 50 Meter entfernt, kann vor der Tour die Kanuausrüstung ergänzt werden.

Obstbaumuseum
(03327) 78 33 74
15.4. bis 15.10.
Mo-Fr 11-17
Mi geschlossen
Sa, So 13-17

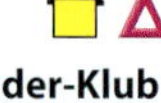

Ruder-Klub Werder
(03327) 74 18 16

Von der Brücke aus hat man einen guten Blick auf die Wahrzeichen der Stadt **Werder**, *die **Heilig-Geist-Kirche**, 1856-58 nach Plänen Stülers auf den Überresten einer Kirche aus dem 13. Jh. erbaut und die **Bockwindmühle**, die anstelle der abgebrannten Vorgängerin errichtet wurde. Beim Gang durch die gepflasterten Gassen mit den alten Fischerhäusern aus dem 18. / 19. Jh. zieht einem der Duft von frisch geräuchertem Fisch in die Nase. „Vom Wasser umflossenes Land“ bedeutet Werder im Slawischen, und tatsächlich liegt der älteste Teil der reizvollen Stadt inmitten der Havel auf einer Insel.*
Das seit 1879 alljährlich Anfang Mai stattfindende Obstbaumblütenfest, eines der größten Volksfeste Deutschlands, wird den zahlreichen Plantagen der Umgebung gerecht und das Obstbaumuseum auf der Insel informiert über die Geschichte des Obstanbaus in Werder.
Eine tolle *Übernachtungsmöglichkeit* im Zelt oder Zimmer bietet der *Ruder-Klub* auf der Ostseite der Altstadtinsel.

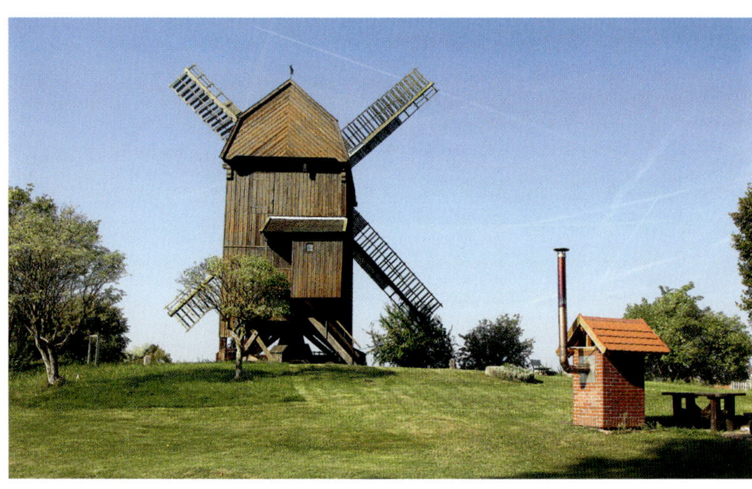

Ein wirkliches Kleinod ist die Bockwindmühle von Werder.

Mit der Brücke im Rücken geht es in nördliche Richtung, vorbei an der katholischen ***Kirche Maria Meeresstern*** mit ihrem 35 Meter hohen Turm. Die auch von Kanuten genutzte Ruder-Regattastrecke die wir passieren, gehört zu den schönsten Wettkampfanlagen Deutschlands.

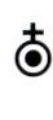

Knapp einen Kilometer hinter der Nordspitze der Werderaner Altstadtinsel ist an der Eisenbahnbrücke der ***Große Zernsee*** erreicht. Das linke Ufer leitet uns in nordwestliche Richtung unter der weithin sichtbaren Autobahnbrücke der A10 hindurch. Hier verengt sich der See und entlang des beliebten Havelradwegs nähern wir uns Phöben.

km 1,6 (PHv 10,1)

Eine erste *Anlandemöglichkeit* in **Phöben** bietet die kleine *Naturbadestelle* kurz hinter dem 5-km-Schild am linken Ufer.

km 6,8 (PHv 4,9)

Sie ist guter Ausgangspunkt für einen **Spaziergang** auf den 90 Meter hohen **Phöbener Wachtelberg**, auf dem sogar 0,5 Hektar Wein angebaut wird, mit tollem Ausblick über die Seenlandschaft.
Nicht zu verwechseln mit dem im Südwesten von Werder gelegenen **Werderaner Wachtelberg** – weltweit die nördlichste eingetragene Lage für Qualitätsweinbau. Informationen liefert dort der **Weinberglehrpfad**. *Schon Ende des 17. Jh. sind für das Stadtgebiet Weinstöcke mit einer Fläche von 100 Hektar dokumentiert, 20 Hektar davon auf dem Werderaner Wachtelberg. Mit seiner Ausrichtung nach Süden, dem milden Klima durch die angrenzenden Havelseen und einem kiesreichen Sandboden, bietet er gute Voraussetzungen für Weinanbau und heute reifen hier Müller-Thurgau, Kernling, Sauvignon blanc und Dornfelder.* Verkosten kann man die Weine auf dem Werderaner Wachtelberg in der ***„Straußwirtschaft „Weintiene"*** inmitten der Reben bei einem herrlichen Blick auf die schöne Havellandschaft.

Straußwirtschaft Weintiene
(03327) 74 14 10
0171 - 521 13 16
Ostern - Mitte Okt
Fr 14, Sa, So 10
ab Aug zusätzl.
wochentags 14-20

Auch in **Phöben** kann man einkehren, etwa 500 Meter weiter, entweder im *„Fischergarten"* oder in der auf der anderen Straßenseite liegenden *Gaststätte „Schützenhaus"*. Jeweils mit Blick auf die vorüberziehenden Schiffe.

km 7,3 (PHv 4,4)

Fischergarten
0179 - 398 25 48

Gaststätte Schützenhaus
0179 - 297 59 06

Hinter Phöben verengt sich der See fast auf Flussbreite und wir paddeln auf einem sich dahinschlängelnden grünen Band, das von Schilf und Weiden gesäumt wird.

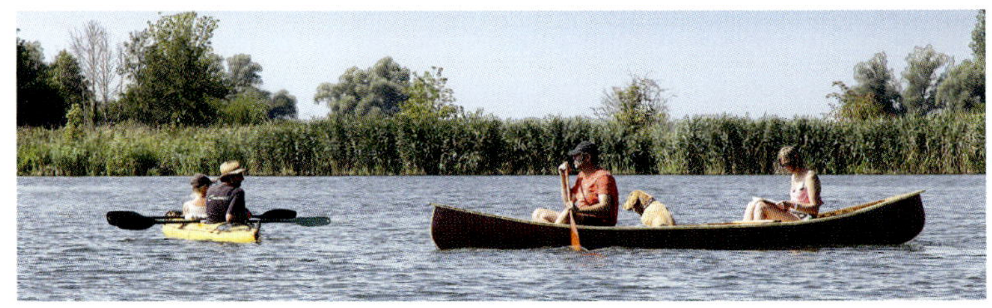

Gemütliches Paddeln auf dem Weg nach Ketzin.

Etwa zwei Kilometer nördlich ragt von links eine kleine Halbinsel in die Havel. *Auf ihr liegt der sogenannte* ***„Räuberberg"****, ein slawischer Burgwall. Während der Völkerwanderung Mitte des ersten Jahrtausends rückten nach Abwanderung großer Teile der Bevölkerung slawische Stämme ein, die sich, meist Fischer, in Havelnähe ansiedelten. Die fast nur von Sumpf und Wasser umgebene Burg war eine der sichersten Fluchtburgen im Havelland. Erst 929 gelang es „Heinrich I" sie zu erobern und niederzubrennen. Ausgrabungen förderten Reste slawischer Wohnbauten, Scherben sowie deutsche Siedlungsreste des 12. Jh. hervor. Bei genauer Betrachtung sind Burghügel sowie die Ringwälle noch schwach zu erkennen. Weder wurden Beweise von einem unterirdischen Gang nach Ketzin gefunden, noch von der durch die Havel gespannten Kette um Schiffe auszurauben. Es gibt jedoch eine Sage, die von einem Goldschatz im Räuberberg berichtet.*

km 11,8 (Phv 0 = UHW 32,5)

Kurz darauf ist das Wasserstraßenkreuz von ***Havel, Sacrow-Paretzer-Kanal*** und ***Havelkanal*** erreicht. Im späteren Tourenverlauf bringt uns der ***Sacrow-Paretzer-Kanal*** hier weiter nach Osten, zunächst aber wird die Bootsspitze nach links gelenkt, um der Havel zu folgen.

km 12,8 (UHW 33,5)

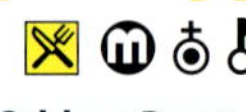

Schloss Paretz
(033233) 736 11
Apr-Okt
Di-So 10-18

Rechts öffnet sich nach wenigen hundert Metern die Bucht von **Paretz**, *wo Baumeister David Gilly um die Wende vom 18. zum 19. Jh. eine Sommerresidenz für Königin Luise und den Kronprinzen Friedrich Wilhelm III. errichtete, die zu den bedeutendsten Zeugnissen der Landbaukunst Preußens zählt. Die königlichen Gemächer mit den berühmten Paretzer Papiertapeten, bestehend aus Blumen- und Vogelmotiven, sowie eine Dauerausstellung über das höfische Landleben um 1800 sind sehenswert.*

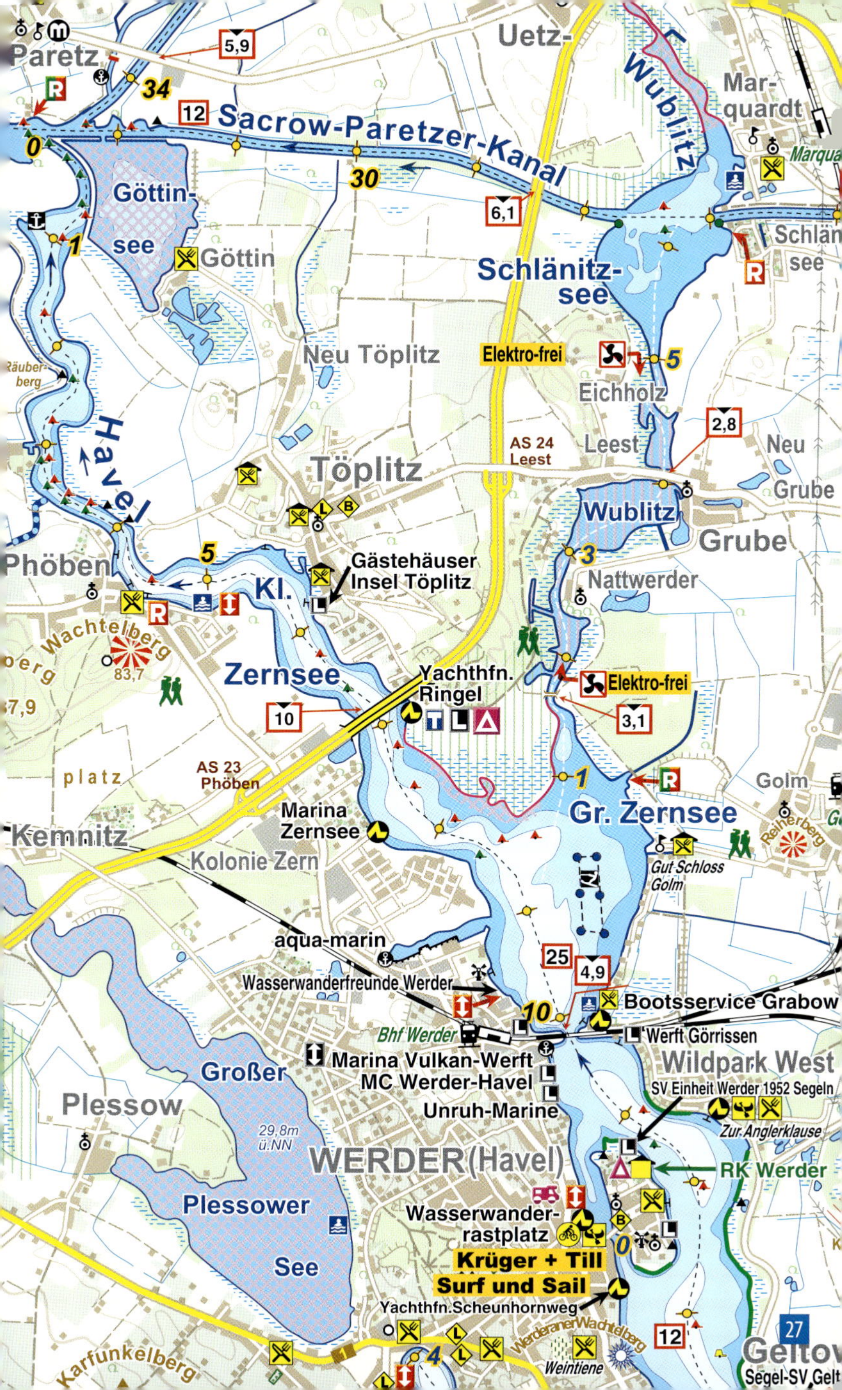

Paretz
Uetz-
Wublitz
Marquardt
Sacrow-Paretzer-Kanal
Göttinsee
Göttin
Schlänitzsee
Neu Töplitz
Elektro-frei
Eichholz
Räuberberg
Havel
Leest
AS 24 Leest
Neu Grube
Töplitz
Wublitz
Grube
Phöben
Kl. Zernsee
Gästehäuser Insel Töplitz
Nattwerder
Wachtelberg
83,7
Zernsee
Yachthfn. Ringel
Elektro-frei
platz
AS 23 Phöben
Marina Zernsee
Gr. Zernsee
Golm
Reiherberg
Gut Schloss Golm
Kemnitz
Kolonie Zern
aqua-marin
Wasserwanderfreunde Werder
Bootsservice Grabow
Bhf Werder
Werft Görrissen
Wildpark West
Marina Vulkan-Werft
MC Werder-Havel
Unruh-Marine
Großer
Plessow
SV Einheit Werder 1952 Segeln
Zur Anglerklause
29,8m ü.NN
WERDER(Havel)
RK Werder
Plessower
Wasserwanderrastplatz
Krüger + Till
Surf und Sail
See
Yachthfn.Scheunhornweg
Werderaner Wachtelberg
Weintiene
Karfunkelberg
Geltow
Segel-SV Gelt
27

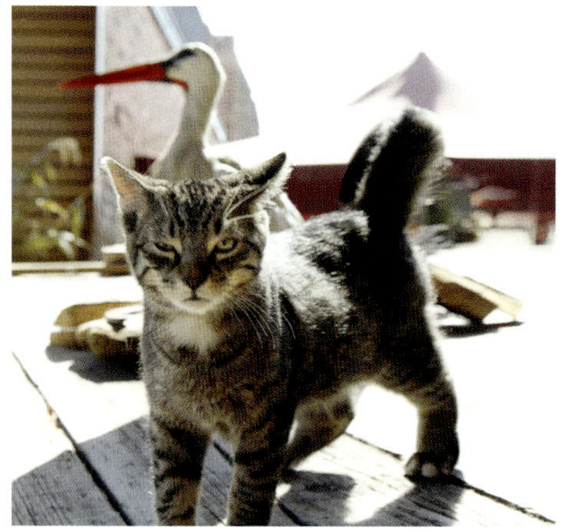

Die in ihren Grundmauern aus dem 12. Jh. stammende ***Dorfkirche*** *stellt ein kirchenbauliches Kleinod dar. Zu den schönsten Häusern des Havellandes zählt die ehemals* ***königliche Schmiede „Gotisches Haus Paretz"*** *mit der neogotischen Spitzfensterfassade. Seit 1918 durchgehend Gaststätte, genießt man deftige Wildgerichte.*

km 12,7 (UHW 33,5)

Storchenhof Paretz
(033233) 737 10

Wasserwanderer können zwischen März und Oktober in dem in der alten Dorfstraße gelegenen *„Storchenhof Paretz"* im urigen Heuboden auf Matratzen schlafen. Nur Hausgästen stehen Tier-, Spielscheune und Stallcafé zur Verfügung. Wer länger auf dem restaurierten Vierseithof bleiben möchte, um die alljährlich wiederkehrenden Störche zu bewundern, übernachtet in gemütlichen Ferienwohnungen.

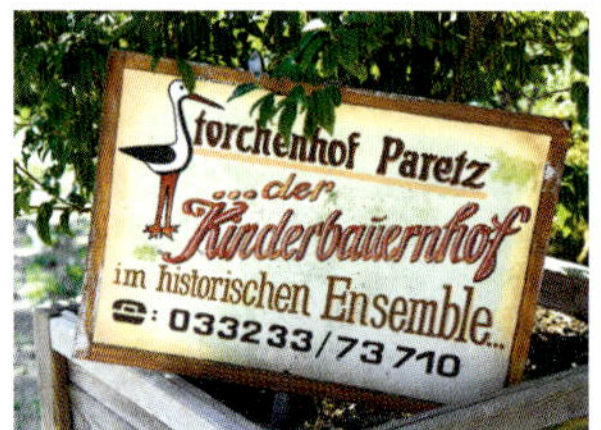

km 13,3 (UHW 34)

Restaurant &Café „An der Fähre"
(033233) 806 32
tgl. 11-21 (Sommer)

Um die Rundtour auf zwei Tage aufteilen oder mit einem Abstecher in die Seenkette westlich von **Ketzin** verlängern zu können, bieten sich in Ketzin gute Übernachtungsmöglichkeiten vom Zeltplatz bis zum Hotelzimmer. Station auf dem Weg dorthin ist die kleine *Fähre „Charlotte"*, an deren Anleger das *Restaurant „An der Fähre"* auf der hübschen Terrasse märkische Küche offeriert.

km 14,2

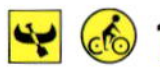
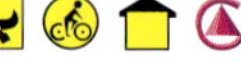

Campingplatz „An der Havel"
(033233) 211 50

Erste Möglichkeit zur *Übernachtung* bietet der *Campingplatz,* allerdings etwas vom Ufer entfernt und ohne direkten Wasserzugang. Gäste müssen am nahen Strandbad aussetzen. Übernachtungen sind nicht nur im Zelt, sondern außerhalb der Ferienzeiten auch für eine Nacht im Bungalow, Caravan und Mobilheim möglich.

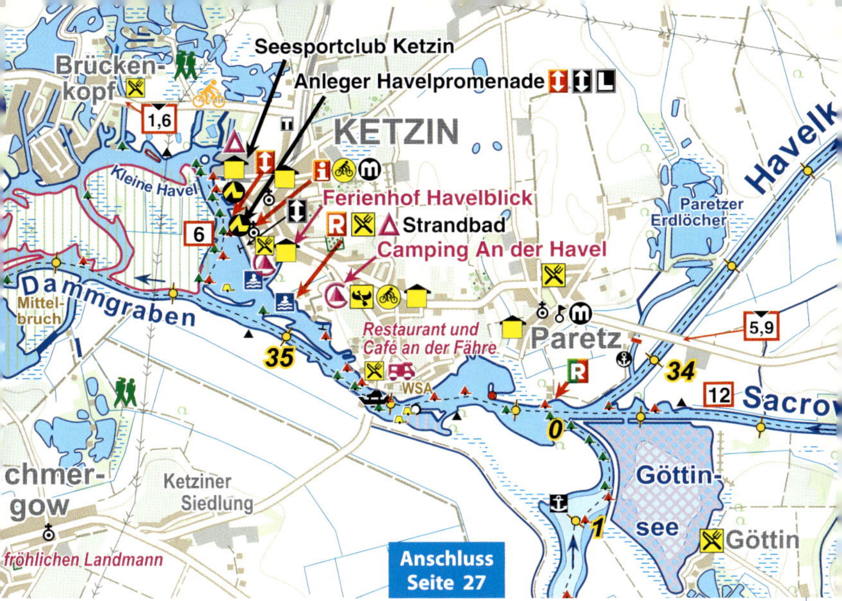

Direkten Wasserzugang bietet dagegen der *Wasserwanderrastplatz am Strandbad*, mit seinem mit Meeressand aufgeschütteten Strand, wo man entweder im eigenen Zelt biwakieren, oder nach Voranmeldung in einem der drei Tipis des Veranstalters *„Havellandreisen"* übernachten kann. Weiterhin gibt es einen Beachvolleyballplatz, einen Barfußpfad und einen Imbiss.
Dritte Zeltmöglichkeit (+ 2 Fewo) und direkt im ehemaligen Fischerviertel von Ketzin gelegen, ist wenige Paddelschläge weiter der *„Ferienhof Havelblick"*, entstanden aus einem altehrwürdigen Bauerngehöft.

In **Ketzin** *grüßt die den Fischern und Schiffern geweihte St.* ***Petrikirche*** *(12. Jh.). An der Uferpromenade lässt sich gut anlegen, um durch die malerischen Gässchen des Fischerviertels zu schlendern. Alljährlich findet am dritten Wochenende im August das* ***Fischerfest*** *mit großem Fischzug auf der Havel sowie Open-Air Musik auf einer großen Bühne statt. Das* ***Heimatmuseum*** *gibt Einblicke in die Geschichte des Ortes und vermittelt Wissenswertes über die Ur- und Frühgeschichte, Eisenbahnentwicklung, Schifffahrt, Ziegeleien (1882 gab es 14 große Ziegeleien und 13 Tongruben) und das Fischereigewerbe.*

km 14,3

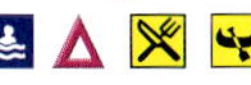

Strandbad
0152 - 260 873 51

Havellandreisen
(03381) 21 21 99

km 14,7

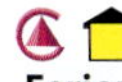

Ferienhof Havelblick
(033233) 202 57

km 15,3

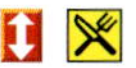

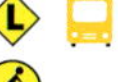
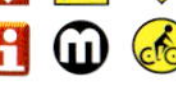
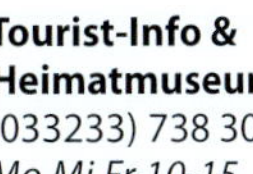

Tourist-Info & Heimatmuseum
(033233) 738 30
Mo,Mi,Fr 10-15
Di, Do 10-17
Mai-Sep +Sa, So 13.30-16.30

Restaurant „Am Markt“
(033233) 806 05

Pension Gehse
(033233) 806 78

Gutshof Ketzin
(033233) 73 42 70

Das *Restaurant „Am Markt“* lädt bei schönem Wetter zu saisonalen Gerichten in den Biergarten. Der Wildschwein- und Rehbraten, sowie die Pfifferling- oder Spargelgerichte sind weit über die Ortsgrenzen hinaus bekannt. Unweit davon gibt es Übernachtungsangebote in der *Pension Gehse* oder, rund 400 Meter weiter, im *Gutshof Ketzin*. Der ehemalige Späth´sche Gutshof mit dem stilvoll und denkmalgerecht sanierten Gästehaus ist eine ganz besondere Pension. Jedes der 11 Zimmer ist einer historischen Persönlichkeit aus Brandenburg gewidmet und individuell eingerichtet.

Seesportclub Ketzin e.V.
(033233) 804 63

Nur ein Stück weiter bietet der *Seesportclub Ketzin* eine besonders preiswerte Übernachtungsmöglichkeit sowohl im Doppelzimmer oder Gruppenraum im vereinseigenen Clubhaus, als auch im Zelt *(WC, Duschen, Küchenbenutzung, Waschmaschine).*

Die Seen- und Bruchlandschaft beim Ortsteil ***Brückenkopf*** ist entstanden durch den Abbau von Ton für die Ziegelerstellung und zählt zusammen mit den Schwemmlandinseln der Havel zu den reizvollsten Landschaften Brandenburgs, die zu ausgedehnten **Spaziergängen**, **Wanderungen**, **Radtouren**, einem weiteren Paddeltag oder zum Angeln einlädt. In dem Naturreservat sind bedrohte Tierarten wie Fischotter, Sumpfschildkröte und Wachtelkönig zu Hause.

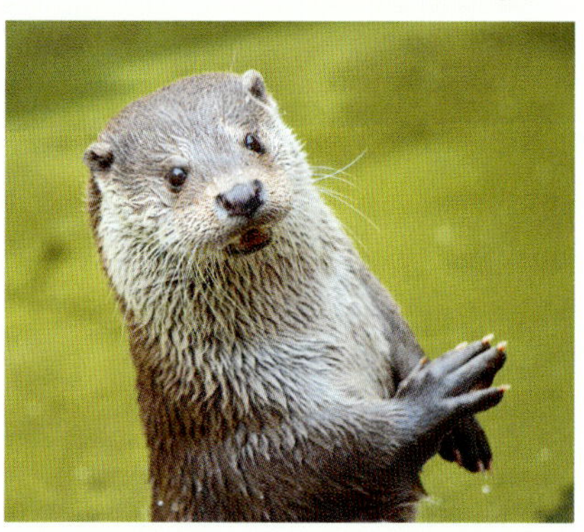

Für die Fortsetzung der Tour geht es von Ketzin auf dem bekannten Havelabschnitt für knapp drei Kilometer zurück bis zum Zusammentreffen von ***Havel, Sacrow-Paretzer-Kanal*** und ***Havelkanal***.

km 18,6 (UHW 32,5)

Am Wasserstraßenkreuz folgen wir jetzt dem ***Sacrow-Paretzer-Kanal*** nach Osten. *Er wurde 1874/75 zwischen den Ortslagen Sacrow und Paretz angelegt, um den Schiff-*

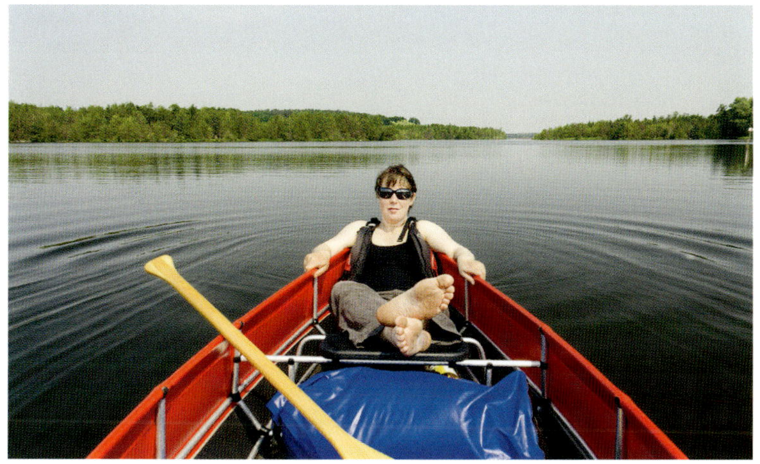

Da Motorboote außen vor bleiben müssen, geht es auf der Wublitz herrlich ruhig zu.

fahrtsweg zu verkürzen und die schwierigen Brückendurchfahrten in Potsdam und Werder zu vermeiden.

Der Kanal ist erstaunlich grün und gar nicht so schnurgerade, wie man beim flüchtigen Blick auf die Karte vermuten könnte. Für Abwechslung auf halber Strecke zum ***Schlänitzsee*** sorgt eine „Badeliane" am linken Ufer und es macht großen Spaß sich an dem Seil von einem der in den Baum genagelten Plattformen ins Wasser zu schwingen, während ein paar Meter weiter die Lastkähne durchs Wasser pflügen.

Noch weit voraus liegt der ***Schlänitzsee***, an dessen südlichstem Zipfel die Einfahrt in die ***Wublitz*** wartet.

km 23,6 (UHW 27,8)

Zunächst lohnt es sich aber, die Boote schräg nach links ans gegenüberliegende Nordostufer zu lenken, wo die Badestelle am Schlosspark **Marquardt** eine gute Pausengelegenheit bietet. *Der Park wurde 1823 nach Plänen von Peter Joseph Lenné gestaltet und das Schloss diente im Laufe der Jahrhunderte als Sommersitz des Adels, Hotel, Lazarett und Universitätsinstitut. Abseits der Touristenströme, die es zu den bekannteren Schlössern im nahen Potsdam zieht, steht es größtenteils leer. Nur der Ballsaal wird für Feiern vermietet und das morbide Ambiente zieht Film-, Fernsehproduzenten und Fotografen an.*

km 24,7

Landgasthof „Zum alten Krug"
(033208) 572 33
Di-So 11-23

Lavendelhof Marquardt
(033208) 221 87

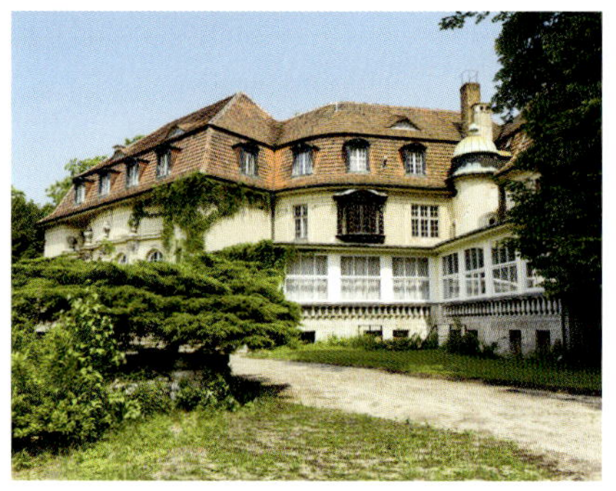

Wer einkehren möchte, findet etwa 400 Meter entfernt in der Dorfmitte **Marquardts** den *Landgasthof „Zum alten Krug“*, wo brandenburgische Spezialitäten auf der Speisekarte stehen und je nach Saison frischer Beelitzer Spargel oder Wildgerichte im Biergarten serviert werden. Nebenan hat der *„Lavendelhof“* am Wochenende seinen Garten geöffnet. Freitagmittag ab 14 Uhr gibt es Brot und Kuchen, später auch leckere Pizza aus dem Holzbackofen.

km 27,4 Mit ***Schloss Marquardt*** im Rücken und vorbei am links abzweigenden ***Sacrow-Paretzer-Kanal***, der nach Potsdam führt, geht es auf dem ***Schlänitzsee*** nach Süden. Unter der Brücke zwischen **Grube** und **Leest** ist die ***Wublitz*** erreicht. Ab dem ***Schlänitzsee*** sind die Gewässer für Motorboote gesperrt. *Das von Schweizer Kolonisten im Jahre 1685 gegründete* **Nattwerder** *liegt in der Wublitz-Enge am linken Ufer. Auf einer gefährlichen Wasserreise von Bern über Aare, Rhein, Nordsee, Elbe und Havel, kamen damals 14 Auswanderer-Familien nach siebenwöchiger Fahrt im*

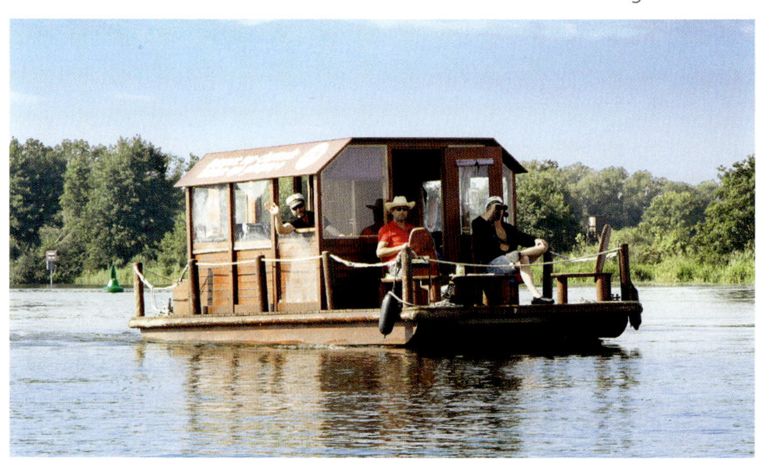

Auf jeden Fall sehr entspannend – Hausbootferien auf der Havel.

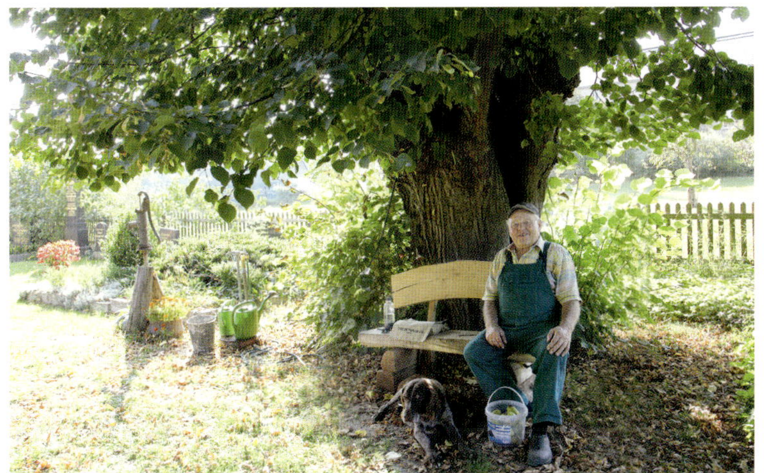

Ein Nachkomme der Schweizer Kolonisten macht es sich im Kirchhof von Nattwerder bequem und ist zum Plausch aufgelegt.

Golmer Bruch an. Die Reise war von Kurfürst Friedrich Wilhelm im Rahmen seiner „Peuplierungspläne" auf der Suche nach geeigneten Kolonisten, die er in der Schweiz vermutete, initiert worden.

Bemerkenswert ist die im selben Jahr erbaute ***Kirche***. Sie ist die älteste erhaltene und genutzte Kirche Potsdams, auf deren jüngst eingebauter Orgel mit acht Registern im Sommer wunderschöne Konzerte erklingen.

Die Kirche bietet sich auch als Startpunkt für lange **Spaziergänge** an, denn von hier gibt es einen **Rundweg** um die ***Wublitz*** oder zum ***Aussichtspunkt*** auf dem 68 Meter hohen ***Reiherberg*** in **Golm** (schöner Blick). Über die Fußgängerbrücke unweit der Kirche **Nattwerder** gelangen Radfahrer und Fußgänger auf die idyllische, nur acht Quadratkilometer große Insel ***Töplitz***, die von Sumpfwäldern, Wiesen und leichten Moränenhügeln geprägt ist. Von dort geht es über **Leest** und **Grube** wieder nach **Nattwerder**.

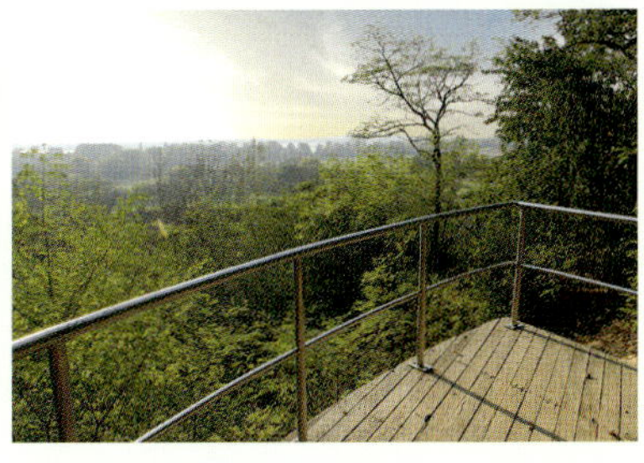

km 31 Direkt vor der Ausfahrt aus der ***Wublitz*** zurück auf den Großen Zernsee machen wir einen weiten Bogen um die Wasserskistrecke. Hinter den Weiden am linken Ufer versteckt sich der Ort **Golm**, *wo einst UFA-Stars wie Marlene Dietrich, Marika Rökk oder Harry Piel von den Dreharbeiten in Babelsberg Entspannung fanden. Das berühmte Kurhaus erstrahlt nach umfangreicher Renovierung als Gut Schloß Golm in neuem Glanz und die beiden Inhaberinnen, die man in den 1970er Jahren als Chorstimmen für Roland Kaiser und Marianne Rosenberg hören konnte, betreiben heute ein Restaurant und Minihotel mit drei komfortablen Doppelzimmern.*

Gut Schloss Golm
(0331) 50 05 21

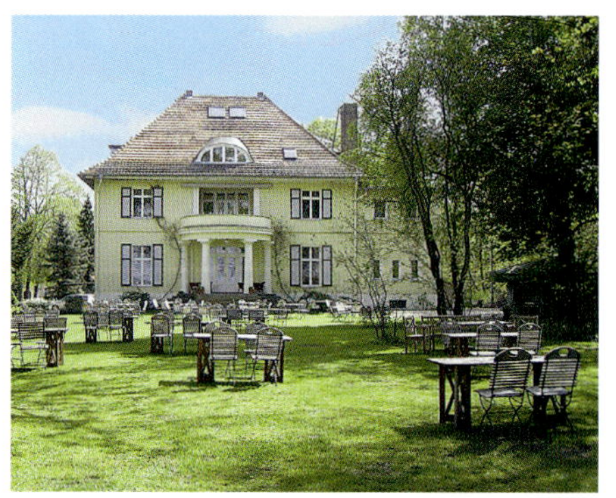

km 32,5 (PHv 9,9) Am Ende des ***Großen Zernsees*** geht es unter der Eisenbahnbrücke hindurch, zurück zum Startpunkt an der Uferpromenade vor der Altstadtbrücke.

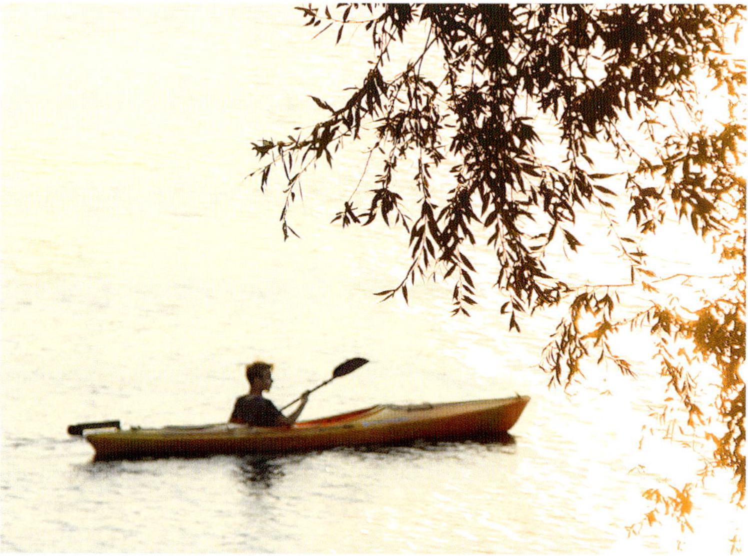

Werder – Schwielowsee – Templiner See – Potsdam

Aktivitäten	Natur	Kultur	Baden	Hindernisse
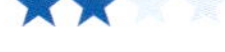		★★★★★	★★★	★

Charakter der Tour

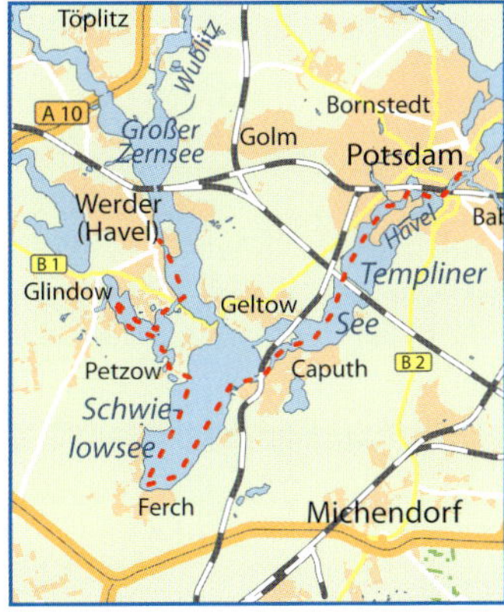

Wohl nirgendwo sonst rücken unberührte Natur und kulturelle Sehenswürdigkeiten so dicht zusammen wie im Wassersportrevier der Potsdamer und Brandenburger Havelseen, wo die Spuren der Hohenzollern allgegenwärtig sind. Erste Station nach dem Ablegen ist Glindow, wo das Ziegeleimuseum mit zwei denkmalgeschützten Ringöfen an die Tradition der Ziegelherstellung in der Region informiert. Über den großen Schwielowsee geht es zuerst zum „Malerdorf Ferch" und dann in nordöstliche Richtung über Caputh auf Potsdam zu. Abgesehen von der Portage bei Petzow sind unterwegs keinerlei Hindernisse zu erwarten. Vorsicht ist lediglich auf dem Schwielowsee geboten. Er ist stellenweise sehr flach und bei Wind aus westlichen bzw. südwestlichen Richtungen entsteht leicht hoher Wellengang. Da die Berufsschifffahrt den Sacrow-Paretzer-Kanal nördlich von Potsdam benutzt, sind auf der Potsdamer Havel nur Sportboote und Ausflugsdampfer unterwegs.

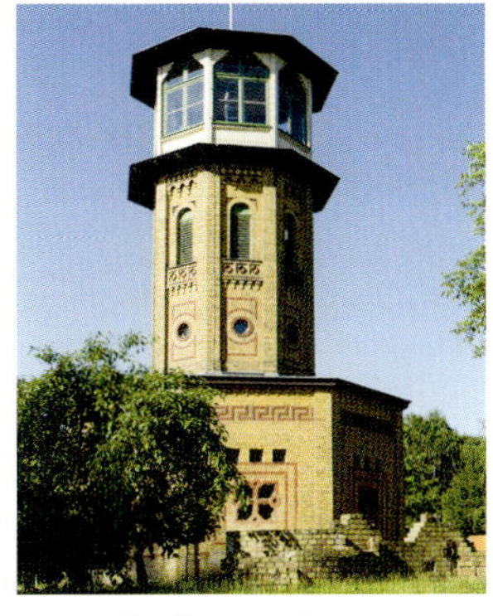

Märkisches Ziegeleimuseum Glindow.

Sehenswürdigkeiten

Werder: *Heilig-Geist-Kirche* (nach Plänen Stülers auf Grundmauern einer Kirche aus dem 13. Jh. erbaut), *Obstbaumuseum*, *Bockwindmühle*, barockes *Altes Rathaus*, *Baumblütenfest* (Apr/Mai), *Mühlenfest* (Aug).

Glindow: *Heimatmuseum*, *Ziegeleimuseum*, *neugotische Kirche* Glindow (1852-53) von August Stüler (einer DER Berliner Architekten seiner Zeit), *Naturschutzgebiet Glindower Alpen* (Abraumhalde der Tongewinnung), *Kirsch- und Ziegelfest* (Jul).

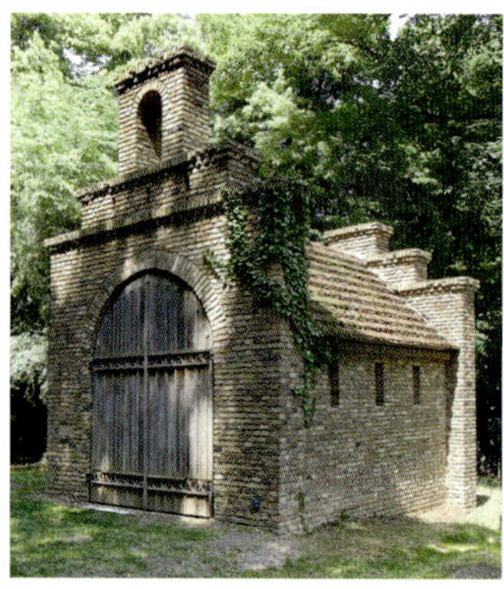

Das alte Spritzenhaus von Petzow.

Petzow: *Schloss mit Lenné-Park, Dorfkirche* von Schinkel, *alte Schmiede, ehem. Fischerhaus* (1818), *Heimatmuseum „Waschhaus am Haussee"* (um 1820), *Sanddorn-Erlebnisgarten.*

Ferch: *Japanischer Bonsaigarten, Fischerkirche* (17. Jh.), *1000-jährige Eiche, Museum der Havelländischen Malerkolonie, Fercher Obstkistenbühne* (Freilicht-Kleinkunstbühne).

Caputh: *Barockschloss*, neoromanische *Dorfkirche, Sommerhaus Albert Einsteins, Fährfest* (Aug).

Potsdam: siehe Seite 52.

Sonstige Aktivitäten

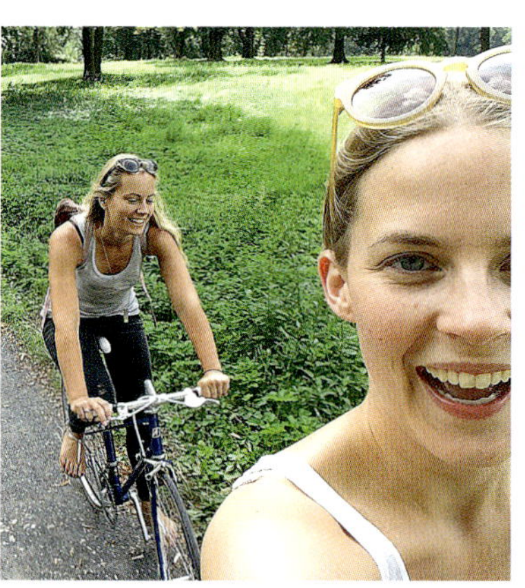

Paddeln

Auf der Havel nach Brandenburg oder von Potsdam nach Berlin.

Radfahren

Rundtour Werder – Phöben – Ketzin – Werder (ca. 27 km).

Werder – Golm – Grube – Eiche – Wildpark – Werder (24 km).

Um den Schwielowsee auf dem „F1" (Ferch – Caputh – Potsdam – Petzow – Ferch, 34 km).

Potsdam – Marquardt – Golm – Potsdam (33,5 km).

Mehrtagestouren auf dem **Havel-Radweg.**

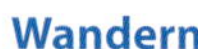

Wandern

Vom Ziegeleimuseum Glindow durch die **Glindower Alpen** (ca. 4 km).

Auf dem 6,3 km langen **Uferwanderweg** von Ferch nach Caputh.

Rundwanderung (11 km) Ferch – Wietkiekenberg – Großer Lienewitzsee – Ferch.

Panoramaweg Werderobst (Petzow – Glindowsee – Ziegeleimuseum Glindow – Lilienthaldenkmal auf dem Derwitzer Mühlenberg, ca. 15 km).

Rundwanderung über die zum Teil unter Naturschutz stehende **Insel Töplitz** (ca. 12 km).

Sonstiges

Dampferfahrt über die Havelseen. **Weinbergbesichtigung** und **Verkostung** in Werder.

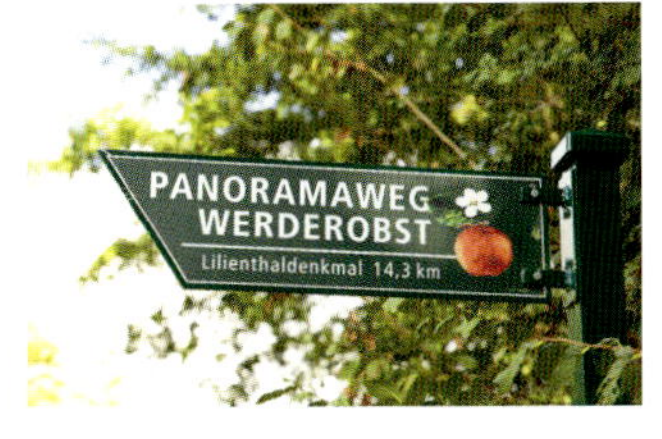

Anreise

Pkw: Autobahn A10 (Berliner Ring) bis Ausfahrt 23/Phöben, weiter auf Phöbener Chaussee/L90 nach Werder.

ÖPNV: Regionalexpresslinie RE 1 in rund 30 Min. von Berlin Zoologischer Garten bis Werder.

Zurück zum PKW

Häufige und schnelle Zugverbindung von Potsdam nach Werder (30-Minuten-Takt, Fahrtzeit ca. 10 Min.).

Kanuvermieter *(Adressen in alphabetischer Ortsreihenfolge Seite 96)*

„Bootsvermietung Krüger & Till" in **Werder.**
„Kajakverleih am Schwielowsee" in **Petzow.**
„Bootsvermietung Moisl" in **Potsdam** und am **Templiner See.**
„Wassersport in Potsdam" am **Templiner See.**

Etappenvorschlag

1. Tag: Werder – Ferch 14 km
2. Tag: Ferch – Potsdam 14 km

Tipps für Tagestouren

Rundtour von Werder über Glindow – Petzow – Schwielowsee (ca. 14 km).

Ein- und Ausssetzstelle:
Uferpromenade in Werder vor der Brücke zur historischen Altstadt *(Navi: Unter den Linden, 14542 Werder/Havel).*

Aussetzstelle:
Am Ufer der „Alten Fahrt" in Potsdam (Zufahrt bis Burgstraße möglich).

Tourenlänge: ca. 28 km

Dauer: ca. 8 Std.

Umtragestellen:
ca. 800 Meter Landtransport vom Glindowsee (Grellbucht) in den Schwielowsee bei Petzow.

Kanuwagen hilfreich!

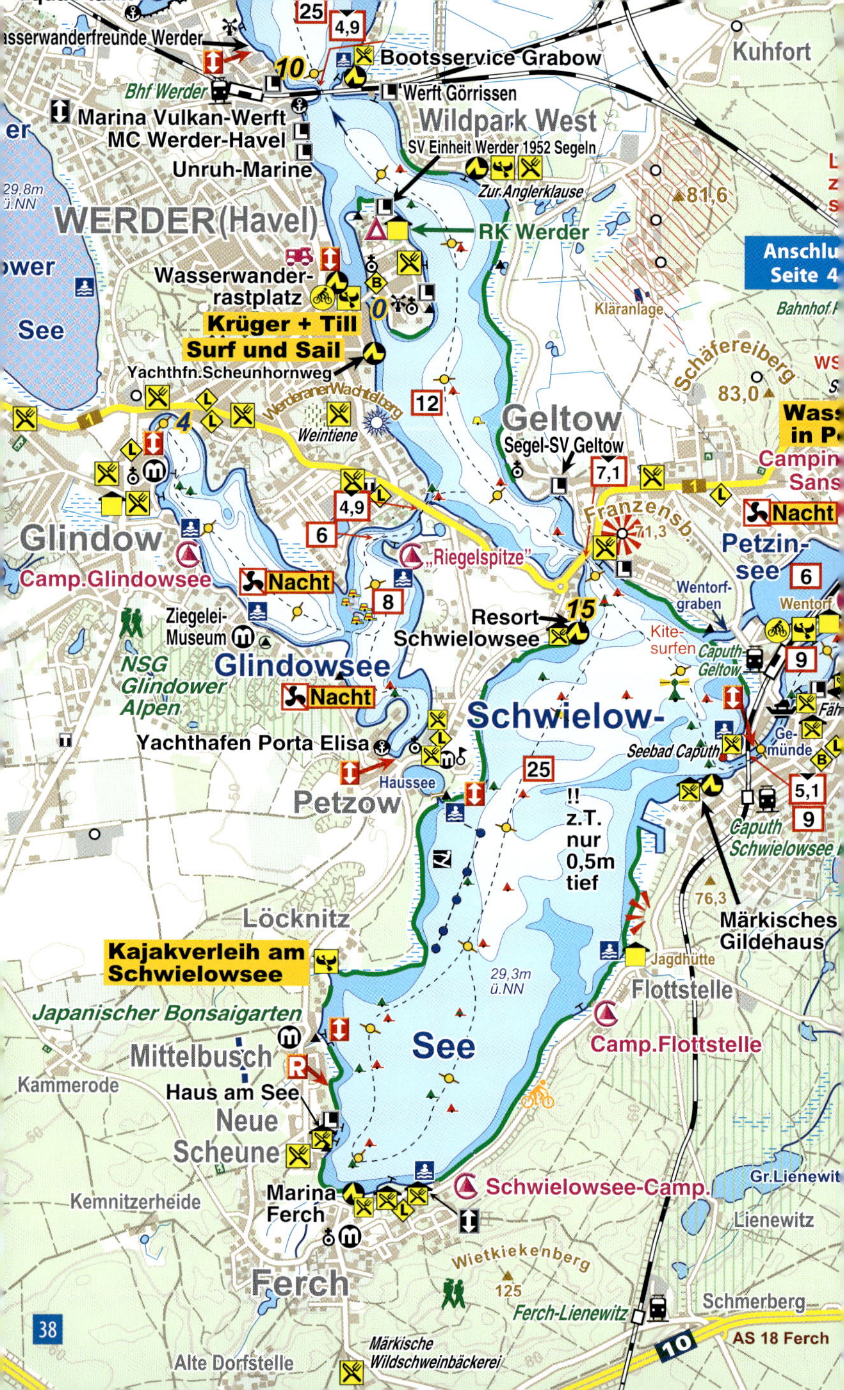

Wasserwanderfreunde Werder
Bootsservice Grabow
Bhf Werder
Werft Görrissen
Kuhfort
Marina Vulkan-Werft
MC Werder-Havel
Unruh-Marine
Wildpark West
SV Einheit Werder 1952 Segeln
Zur Anglerklause
29,8m ü.NN
WERDER (Havel)
81,6
RK Werder
Anschluss Seite 4
Wasserwander-rastplatz
Kläranlage
Bahnhof
Krüger + Till
Surf und Sail
Yachthfn.Scheunhornweg
Schäfereiberg
83,0
Werderaner Wachtelberg
Weintiene
Geltow
Segel-SV Geltow
Glindow
Camp.Glindowsee
Nacht
Riegelspitze
Franzensb.
71,3
Petzinsee
Wentorfgraben
Wentorf
Ziegelei-Museum
Resort Schwielowsee
Kitesurfen
Caputh-Geltow
Glindowsee
NSG Glindower Alpen
Schwielow-
Yachthafen Porta Elisa
Haussee
Seebad Caputh
Gemünde
Petzow
!! z.T. nur 0,5m tief
Caputh Schwielowsee
76,3
Löcknitz
Märkisches Gildehaus
Kajakverleih am Schwielowsee
Jagdhütte
29,3m ü.NN
Flottstelle
Japanischer Bonsaigarten
Camp.Flottstelle
See
Mittelbusch
Kammerode
Haus am See
Neue Scheune
Marina Ferch
Schwielowsee-Camp.
Gr.Lienewitz
Kemnitzerheide
Lienewitz
Wietkiekenberg
125
Ferch
Ferch-Lienewitz
Schmerberg
AS 18 Ferch
Märkische Wildschweinbäckerei
Alte Dorfstelle

Ausgangspunkt der Fahrt auf der ***Potsdamer Havel*** über Ferch nach Potsdam ist die Uferpromenade gegenüber der Altstadtinsel von **Werder,** wo auch *„Krüger & Till"* Kanus vermietet. Im Ladengeschäft *„Surf & Sail"* kann vor der Tour bei Bedarf die Kanuausrüstung ergänzt werden. Nach dem Ablegen geht es unter der Brücke hindurch. Links zieht die charakteristische Stadtsilhouette mit der ***Heilig-Geist-Kirche*** und der ***Bockwindmühle*** vorüber. *Der ehemalige Grundriss der Inselstadt, der in seiner Struktur bis heute erhalten geblieben ist, macht den Charme des Städtchens aus. Während der nördliche Inselteil sich nach einem verheerenden Stadtbrand und dem anschließenden Wiederaufbau um einen großen rechteckigen Marktplatz gebildet hat, besticht die südliche Inselhälfte um Kirche, Mühle und Rathaus durch das dörfliche Flair der verwinkelten Gassen.*

km 0

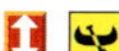

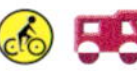

Boot- & Fahrrad-vermietung Krüger & Till
(03327) 424 24

Surf & Sail
Unter den Linden 1
(03327) 432 95

Das seit 1879 Anfang Mai stattfindende Obstbaumblütenfest, eines der größten Volksfeste Deutschlands, wird den zahlreichen Obsthöfen der Umgebung gerecht und das *Obstbaumuseum* auf der Insel informiert über die Geschichte des Obstanbaus. Eine tolle Übernachtungsmöglichkeit im Zelt oder Zimmer bietet der *Ruder-Klub* auf der Ostseite der Altstadtinsel.

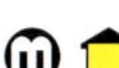
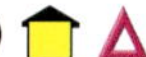

Obstbaumuseum
(03327) 78 33 74
15.4. bis 15.10.
Mo-Fr 11-17, Sa,So 13-17, Mi geschl.

Ruder-Klub Werder
(03327) 74 18 16

Auf Höhe des Kirchturms des gegenüberliegenden **Geltow** öffnet sich rechter Hand die Durchfahrt zum ***Glindowsee***. Soll es direkt und ohne Portage nach Potsdam gehen, kann man weiter geradeaus der Havel in den ***Schwielowsee*** folgen. Die vorgestellte Tour führt hier jedoch nach rechts über den ***Glindowsee***. Kurz hinter der Brücke grüßt vom linken Ufer der *Campingplatz Riegelspitze* *(Hütten, Schlaffässer, Zirkuswagen)* mit kleinem Badestrand.

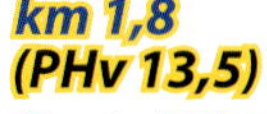

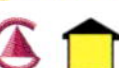

Blütencamping Riegelspitze
(03327) 423 97

Aufgrund der Untiefen zwischen Landspitze und dem mitten im See liegenden Inselchen weisen Schilder darauf hin, dass man sich südlich der Insel halten soll. Direkt hinter ihr lohnt der Abstecher nach rechts in den nordwestlichen Teil des Sees.

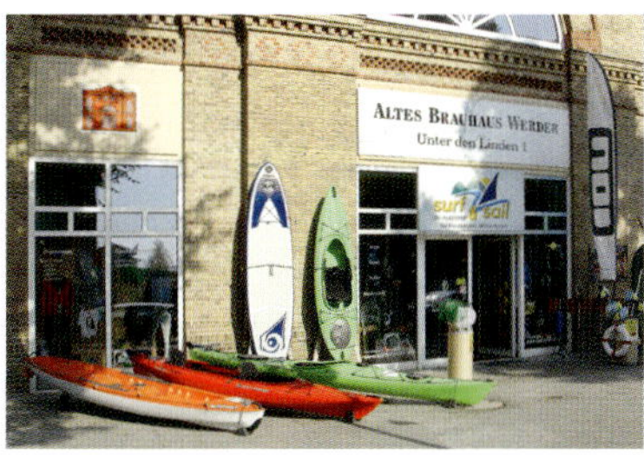

Bei Surf & Sail kann die Ausrüstung noch aufgestockt werden.

km 5,3 (Glindowsee 3,5)

Heimatmuseum
(03327) 448 20
Mär-Okt
Sa,So 11-17

Gästehaus „obstkultour"
(03327) 57 31 37

Hier lädt die kleine Gemeinde **Glindow** zu einem Stopp ein. Gute Möglichkeit zum Landgang bietet die Dampferanlegestelle am Ende einer kleinen Bucht. Nur wenige Schritte entfernt liegt das Zentrum mit der hübschen ***Dorfkirche*** *(1852) von August Stüler und dem* ***Heimatmuseum****, das in einem unter Denkmalschutz stehenden Büdnerhaus untergebracht ist. Zu sehen gibt es historische Möbel, Geschirr, alte Fotos und eine original erhaltene „verrußte schwarze Küche" in der einst über offenem Feuer gekocht wurde.*

km 5,9 (Glindowsee 2,9)

Campingplatz Glindowsee
(03327) 408 55

Nach dem Landgang paddeln wir entlang des Westufers zurück und passieren hinter dem örtlichen Strandbad schon den nächsten *Campingplatz*.

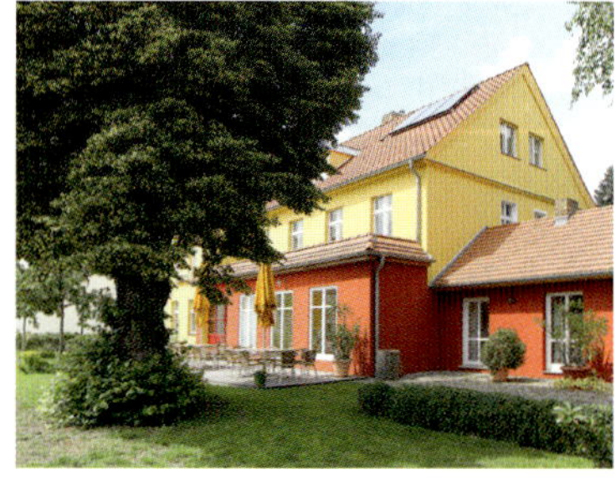

Gästehaus „obstkultour".

km 6,6 (Glindowsee 2,2)

Märkisches Ziegeleimuseum
(03327) 66 93 95
Mär-Okt
Mi,Sa,So 10-16

Bald fällt der Blick auf den markanten Ziegeleiturm in dem das *Museum* untergebracht ist. *Was Werder für den Obstanbau der Hauptstadt ist, das war Glindow seit dem Mittelalter für die Ziegelproduktion – sie legte die Grundlage für den raschen Aufbau Berlins. Die Ziegeleien konnten ihre gebrannten Ziegel gleich auf Lastkähne verladen und dorthin transportieren. Die ehemals 18 Ziegeleien produzierten in Spitzenzeiten bis zu 600.000 Steine – täglich!*

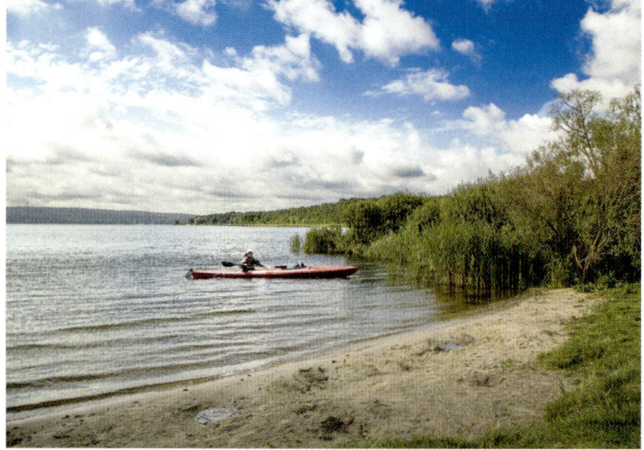

Die Tradition der Ziegelfertigung wird hier wieder lebendig, denn neben der Ausstellung gehören zwei denkmalgeschützte Ringöfen aus dem Jahre 1868 zum Museum.

Für einen Ausblick über den Glindowsee wird ein **Rundgang** durch die **Glindower Alpen (NSG)** empfohlen (2 Stunden). Man folgt vom Museum der Straße „Alpenstraße“ in Richtung Ortsmitte und biegt nach etwa 10 Minuten beim Wegweiser „Glindower Alpen“ links ab. *In dem beliebten Naherholungsgebiet mit den romantischen Wegen informieren Schautafeln über Flora und Fauna. Entstanden sind die aufgeschütteten „Berge“ mit bis zu vierzig Meter tiefen Schluchten, infolge des jahrhundertelangen Tonabbaus. Heute sind die Hänge von Mischwäldern bestanden und von Moosen und Flechten überzogen.*

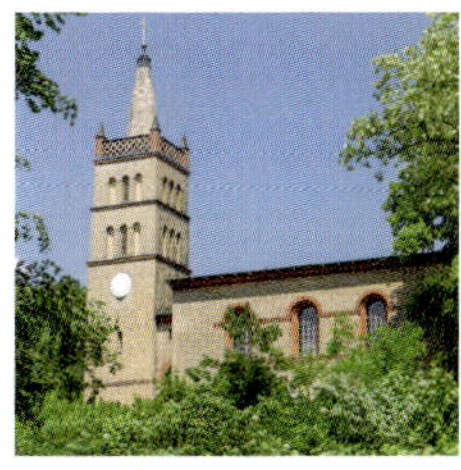

Zurück im Boot steuern wir die ***Grellbucht*** im Südosten des Sees an. Auf dem Weg dorthin laden viele geschützte Buchten zu einem Bad im See ein. Der Kirchturm der ***Petzower Kirche*** lugt hinter den Bäumen hervor und zeigt uns die Richtung.

km 8,2

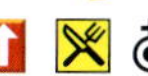
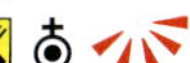

umtragen 800 m

Alte Schmiede
(03327) 455 35
tgl. ab 11.30
Do Ruhetag

Für die *Portage* in **Petzow** in den ***Schwielowsee*** legt man beim Yachthafen Porta Elisa am Südende der Bucht an. Wer eine Stärkung benötigt, findet auf der Straße nach links nach wenigen Schritten das *Restaurant „Alte Schmiede“* und auch eine Besteigung des Turmes der ***Dorfkirche*** auf dem ***Grellberg***, *die gegen Ende des 19. Jh. nach Schinkel-Plänen erbaut wurde, ist lohnend.* Sie wird mit einem fantastischen Blick über die Havelseenlandschaft belohnt.

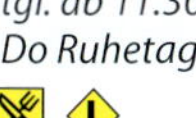
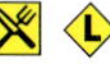

Frucht-Erlebnis-Garten Sandokan
(03327) 469 10
Mo-Fr 10-17,
Sa,So 10-18

Knapp 200 Fußmeter weiter liegt der *Frucht-Erlebnis-Garten Sandokan*. Auf dem Gelände findet man neben einem lauschigen Kräutergarten zwei Hofläden, in denen Produkte rund um den Sanddorn, aber auch Käse und Wurst anderer regionaler Erzeuger verkauft werden. Auf der sonnigen Terrasse mit Blick auf den See werden mediterrane Gerichte mit Zutaten aus der Region serviert. Im Spätsommer läutet ein Hoffest die Sanddornernte ein.

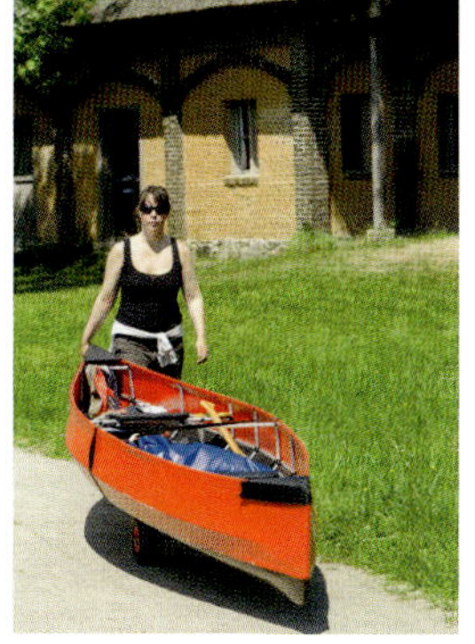

Die anschließende Umtragung verläuft von der Bucht durch den Schlosspark am Ufer des Haussees entlang zur Badestelle am Schwielowsee. Dabei wird das ehemalige Waschhaus des

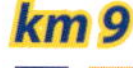

Heimatmuseum Waschhaus am Haussee
(03327) 66 83 79
15.Apr-15.Okt
So 13-17

Schlosses passiert, das heute als *Heimatmuseum* dient. *Das **Petzower Schloss**, von Schinkel in einer Melange aus maurischem Kastell- und englischem Tudorstil entworfen, diente bis 2003 als Hotel. Anschließend fiel es in einen Dornröschenschlaf, wird aber nun zu einer Wohnanlage umgebaut.*

km 9

An der *Badestelle* lassen sich die Kanus gut in den ***Schwielowsee*** einsetzen. Nun hält man sich rechts und umfährt die Wasserskistrecke in einem großen Bogen. *Der 786 Hektar große, flache See hat eine Ausdehnung von mehr als fünf Kilometer und eine Breite von etwa zwei Kilometer. Fontane, der im Sommer 1869 mit dem Caputher Fährmann eine Segelpartie unternahm, sagte über den See: „Der Schwielow ist gutmütig, aber wie alle gutmütigen Naturen kann er heftig werden, plötzlich, beinahe unmotiviert, und dann ist er unberechenbar."* Das sollte man im Kopf behalten, denn bei Wind bilden sich schnell hohe Wellen, die einen schon mal in Bedrängnis bringen können.

km 11,4

Kajakverleih am Schwielowsee
0176-45 02 43 38

Nach zwei Kilometern passiert man den hinter einer kleinen Landzunge rechts in einer Bucht liegenden *„Kajakverleih am Schwielowsee"* und paddelt dann auf das idyllische Örtchen Ferch zu, das am Ende des Sees liegt.

km 11,9

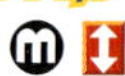

Japanischer Bonsaigarten
(033209) 20 89 03
Di-So 10-18

Zuvor legen wir 500 Meter weiter am Ufer in **MIttelbusch** an, um dem nahen *„Japanischen Bonsaigarten"*, einem idyllischen Fleckchen, einen Besuch abzustatten. Bei einer Schale Tee, Gebäckspezialitäten aus Japan sowie Kaffee und Kuchen kann man den Stress des Alltags vergessen oder aus Bonsais, Schalen oder Teespezialitäten ein Souvenir mit nach Hause bringen. Vielleicht trifft man unter den Gästen Landschafts-Architekten, die sich hier Anregungen holen.

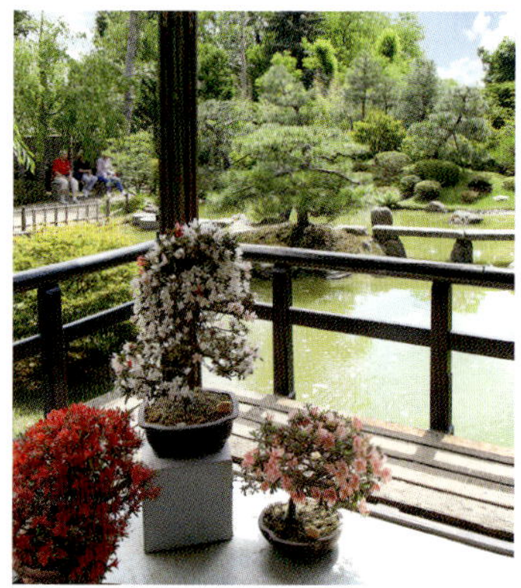

Das ehemalige Fischerdorf **Ferch** zieht sich in einem Bogen am Seeufer entlang, wo es gleich mehrere Übernachtungsmöglichkeiten gibt. Die erste ist das **Hotel-Restaurant „Haus am See“**, mit seinem hübschen Biergarten direkt am Schwielowsee gelegen. Links des Fähranlegers gibt es eine Möglichkeit auszusetzen.

km 12,7

Hotel-Restaurant „Haus am See“
(033209) 709 55

Ein Stück weiter, hinter der Marina, deren Steg weit in den See hineinragt, liegt die *„Bootsklause“* und unmittelbar vor dem *Campingplatz* das *„Landhaus Ferch“*. Unter dem Motto *„Dichte bei Berlin und och jut inne Natur . . .“* präsentiert sich der Campingplatz, dessen alte Bäume in den heißen Sommermonaten Schatten spenden. Vom Wasser aus ist der Zugang zum Platz schwer zu erkennen. In einer Lücke im Schilf, etwa 200 Meter links des Strandbades, setzt man aus und trägt etwa 50 Meter über die Straße. Gäste können das *Strandbad* gratis nutzen und wer gleich mehrere Tage bleibt, kann eine der Ferienwohnungen buchen und ist mit dem stündlich verkehrenden Bus „607“ schnell in Caputh, Potsdam und von dort in 30 Minuten in Berlin.

 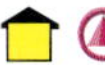 

Hotel-Restaurant „Bootsklause“
(033209) 76 00

Landhaus Ferch
(033209) 703 91

Schwielowsee-Camping
(033209) 702 95

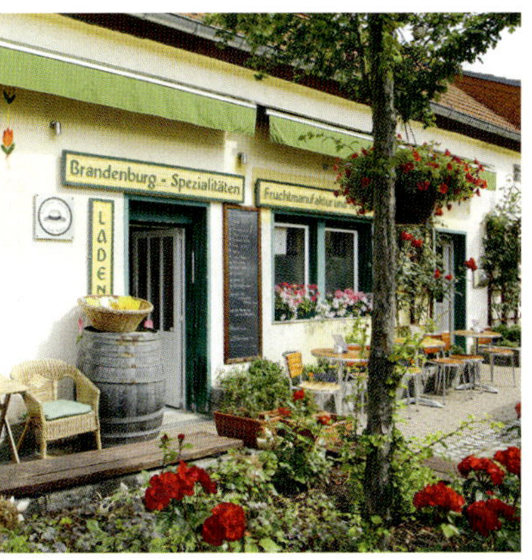

Die Abgeschiedenheit und großartige Natur um Ferch ließen 1878 die Maler Karl Hagemeister und Carl Schuch die Malerkolonie Ferch gründen. Ihnen folgten bald andere Künstler die hier Motive für ihre impressionistische Landschaftsmalerei fanden, auch Käthe Kollwitz und Max Liebermann waren zu Besuch. Das **Museum der Havelländischen Malerkolonie**, das im letzten erhaltenen ***Kossätenhaus*** untergebracht ist, zeigt Werke der alten Meister, aber auch Ausstellungen zeitgenössischer Maler und Bildhauer aus der Region und dem Ausland, ebenso werden Lesungen und klassische Konzerte veranstaltet. Ein ***Kunstpfad*** bringt dem Besucher den Ort **Ferch** und seine Künstler anhand Ihrer Wohn- und Wirkungsstätten nahe.

Museum der Havelländischen Malerkolonie
(033209) 210 25
Mai-Okt
Mi-So 11-17

*Bemerkenswert ist die im Schwarzen Weg stehende **„Tausendjährige Eiche“** und die 1632 in Fachwerk errichtete **Dorfkirche**, deren Tonnengewölbe die Form eines Kahns aufweist, was ihr die Bezeichnung „Fischerkirche“ einbrachte.*

Fercher ObstkistenBühne
(033209) 714 40

Zu einem kulturellen Aushängeschild der Region wurde die *„Fercher ObstkistenBühne". Die Freilicht-Kleinkunstbühne aus märkischem Kiefernholz hat ihre Spielstätte im schattigen Innenhof eines alten Bauernhauses und lockt Zuschauer mit einem Programm samstags für Erwachsene und sonntags für die ganze Familie. Geboten werden neben eigenen Liedern, Gedichten, Kabarett und Geschichten, die jahreszeitlich geprägt sind, auch Texte von Theodor Fontane zum Zuhören und Mitsingen.*

Märkische Wildschweinbäckerei
(033209) 706 26
Mi-Fr 12-22, Sa 12-24, So 12-20

Was liegt näher, als nach soviel Kultur und Lauferei den Tag in der *„Märkischen Wildschweinbäckerei"* am Waldrand (Beelitzerstraße 68) enden zu lassen? Spezialität des Hauses sind Wildschwein, Reh, Hirsch, Hase, Fasan und Wildente im Steinbackofen zubereitet. Zuvor eingelegt in einer Beize aus Rotwein, gekochtem Wurzelgemüse, Wachholderbeeren, Fichtenzweigen und Kräutern.

Der **Radweg „F 1"** schlängelt sich von Ferch durch die malerische Landschaft nach Potsdam und über Werder zurück.

Eine schöne **Rundwanderung** (ca. 11 km) führt von Ferch über den 108 Meter hohen ***Wietkiekenberg*** über die hübsche Badestelle am Ostufer des ***Großen Lienewitzsees*** und zurück am Ufer des ***Schwielowsees***.

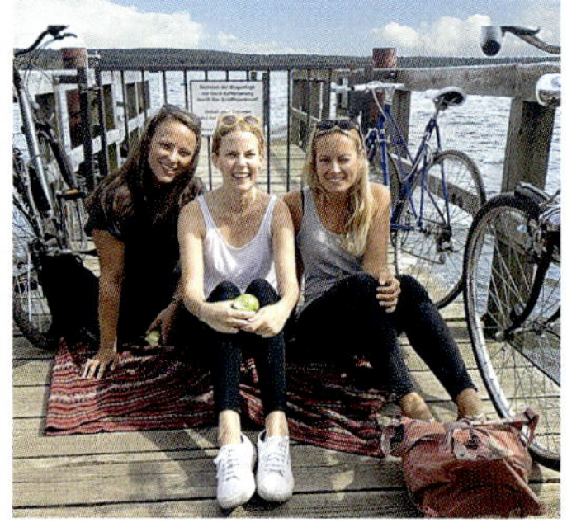

Zur Weiterfahrt wieder Richtung Norden ist bei häufigen Südwest- und Südwinden das östliche, steile Ufer geschützer und die Querung des Schwielowsees entfällt. Auch wenn das westliche Ufer abwechslungsreicher ist.

km 15,6

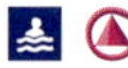

Campingclub Flottstelle
(033209) 704 97

Der kleine Platz des *Campingclubs Flottstelle* (Hundeverbot) mit seinem flachen Sandstrand ist die letzte Übernachtungsmöglichkeit direkt am Ufer des ***Schwielowsees***. Unweit von hier bietet die *Försterei Grünaue* in herrlicher Waldrandlage eine gemütliche Jagdhütte für mindestens 2 Nächte *(nach Vorausbuchung, siehe Seite 91)*. Die für max. 4 Personen im kanadischen Blockhausstil errichtete Hütte befindet sich 200 Meter vom Ufer entfernt und ist somit ein stilvolles Basislager für Kanutouren in der Region.

Nachdem man das *Hotel „Märkisches Gildehaus"* am rechten Ufer liegengelassen hat, könnte man vor der ausgeprägten Landspitze am gegenüberliegenden Ufer die Boote nach links lenken, um eine Pause im *„Seebad Caputh"* (Eintritt: 4,50 €!) einzulegen. Der Sandstrand mit seinen Palmenschirmchen ist nicht nur bei spektakulären Sonnenuntergängen eine Augenweide. Ob sich der Sonntags-Brunch im „Castello Del Lago" oder der Cocktail auf der Seebrücke „Al Faro" lohnen, muss man selbst entscheiden, leider sind die Besucherkritiken teils schlecht.

km 18 (PHv 16,6)

Märkisches Gildehaus
(033209) 77 90

Seebad Caputh
(033209) 808 51

Für die direkte Fortsetzung der Tour geht es geradeaus unter der Eisenbahnbrücke hindurch in das ***Gemünde***, wie das 50 Meter breite Verbindungsstück zwischen ***Schwielowsee*** und ***Templiner See*** heißt. Hinter der Brücke befindet sich am linken Ufer eine gute Ein- und Aussetzstelle mit Parkmöglichkeit für einen Tourenstart.

km PHv 17

Das sich am Ufer entlangziehende **Caputh** *besaß jahrhundertelang keine Fischereirechte, daher blieb der Ort klein und arm. Das änderte sich mit dem Aufblühen Berlins, denn der Wasserweg zwischen Berlin und Hamburg führte genau hier vorbei und es waren Caputher Schiffer welche die im Glindower Raum gebrannten Ziegelsteine in die aufstrebende Großstadt brachten.*

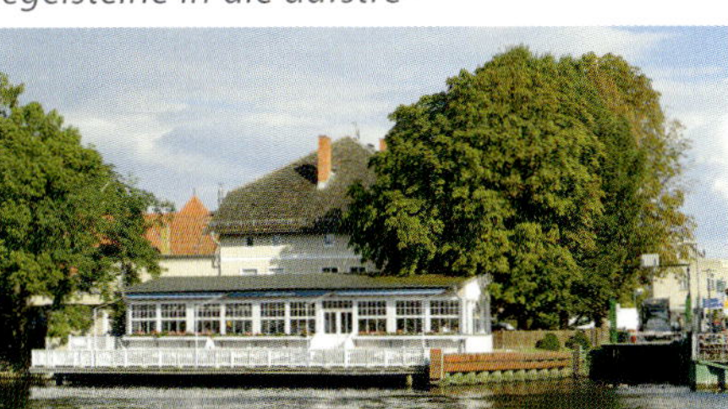

Auf dem Wasser sind Ausflugsdampfer, Flöße, Segel- und Motorboote jeder Größe unterwegs und auf der Promenade herrscht bei gutem Wetter Gedränge. Imbissbuden, Restaurants und Cafés buhlen um hungrige Ausflügler.

Schon 1853 nahm der Schiffer Wilhelm Bastian den Fährbetrieb zwischen dem Dorf Caputh und der Wentorfinsel auf und die ***Seilfähre****, genannt „Tussy II", wird noch immer von den Nachfahren betrieben. Mit Rückgang der Ziegelproduktion kam den Bastians im Jahre 1904 die Idee an dem beliebten Ausflugsziel der Potsdamer ein Gasthaus zu errichten.* Heute serviert man im *Fährhaus Caputh* *(Foto)* in der Glasveranda oder auf dem „Havelsteg" direkt am Wasser frisch zubereitete havelländische Hausmannskost.

km 18,8 (PHv 17,4)

Fähre Caputh
Apr-Nov tgl. 6-22
Dez-Mär tgl. 6/7-20

Fährhaus Caputh
(033209) 702 03
ab Mär tgl. 12-20

km 19,6 (PHv 18,2)

  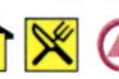

Auf der ***Halbinsel Wentorf*** zwischen ***Templiner See*** und ***Petzinsee*** liegt am linken Ufer der *Campingplatz* mit dem wohlklingenden Namen *„Himmelreich"*.

Campingplatz Himmelreich
(033209) 704 75

Pension Himmelreich
(033209) 88 43 06

km 19,7 (PHv 18,3)

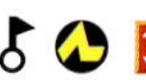

Nun öffnet sich der ***Templiner See*** und rechts ist mit ***Schloss Caputh*** die barocke Sommerresidenz der preußischen Könige zu bewundern. Der öffentliche *„Gelbe-Welle"-Anleger „Caputh-Ziegelscheune"* liegt etwa 300 Meter vom Schlosspark entfernt. Alternativ kann man auch ein Stück weiter in der kleinen Bucht neben dem Anleger der Weißen Flotte anlanden, um direkt zum Schloss hinaufzugehen.

Im frühen Barockbau (1662) ist besonders schön der mit Delfter Kacheln aus dem 17. Jh. ausgekleidete Sommerspeisesaal, nach dem Fliesensaal im Schloss Oranienbaum bei Wörlitz der älteste und wegen seiner Gewölbe bedeutendste Deutschlands. Aber auch die von Peter Joseph Lenné umgestaltete Parkanlage ist sehenswert. Neben dem Schloss steht die von Friedrich August Stühler erbaute ***Dorfkirche****, die von König Friedrich Wilhelm IV. eingeweiht wurde und heute Spielstätte für Konzerte im Rahmen der „Caputher Musiken" ist.*

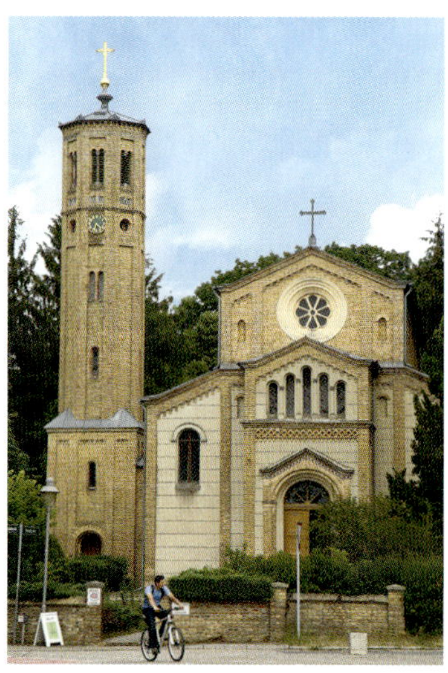

Eine weitere Besonderheit ist das jährlich im Frühling stattfindende „Rock in Caputh", ein Open Air-Festival, das zur Pilgerstätte für Tausende Rock-Fans unter freiem Himmel geworden ist.

Einsteinhaus
(0331) 27 17 80
Apr-Okt
Sa,So,Feiert. 10-18

Auf einem kleinen Hügel über dem Ort steht Albert *Einsteins Sommerhaus*. *Hier trafen sich 1929-32 viele Wissenschaftler, politische Aktivisten, Schriftsteller und Künstler der Weimarer Republik, bis Einstein vor den Nazis in die USA flüchten musste. Sein „Häusle", ein Ort, an dem man, wie er es ausdrückte, „auf die Welt pfeifen könne", kann an den Sommermonaten am Wochenende besichtigt werden. Auf anschauliche Weise erläuterte er einmal seine Relativitätstheorie: „Wenn man zwei Stunden lang mit einem netten*

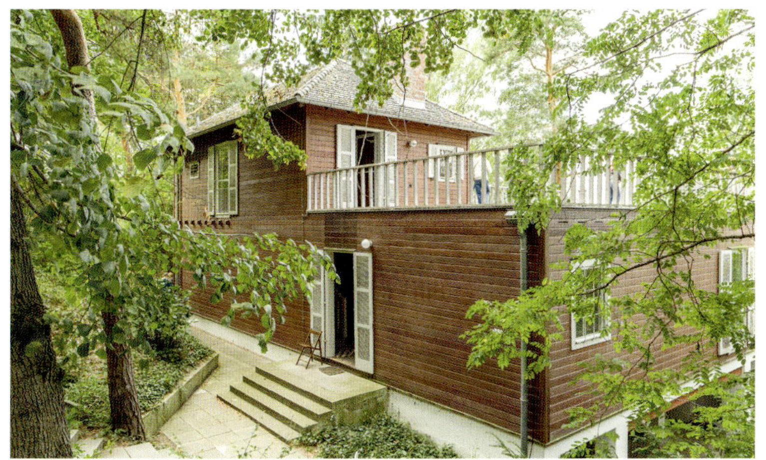

In seinem „Sommerhaus“ verbrachte Albert Einstein mit Ausnahme der kältestem Monate die meiste Zeit des Jahres.

Mädchen zusammensitzt, meint man, es wäre eine Minute. Sitzt man jedoch eine Minute auf einem heißen Ofen, meint man, es wären zwei Stunden. Das ist Relativität“.

Gleich nach Passieren von ***Schloss Caputh*** liegt am Ufer *„Restaurant & Pension Wolff“* mit großzügigem Biergarten und eigenem Bootsanleger.

km 20,1 (PHv 18,7)

Restaurant & Pension Wolff
(033209) 702 59

Nur einen Kilometer weiter ist am gegenüberliegenden Ufer in **Pirschheide** der nächste *Campingplatz (Zelt, Schlafen im Weinfass)* erreicht. Hier lädt das ***Anna Amalia Restaurant*** direkt am Seeufer zu einer Rast ein. Auf der Speisekarte stehen neben Wild- und Fischgerichten von Aal bis Zander auch vegetarische, vegane und asiatische Gerichte und für die Kinder gibt es gar einen großen Spielplatz. Die dem Campingplatz angeschlossene *Wassersportstation* ist ein idealer Startplatz für eine Kanutour.

km 21 (PHv 19,5)

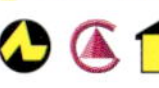 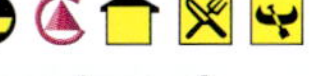

Campingpark Sanssouci
(0331) 951 09 88

Anna Amalia Restaurant
(0331) 96 79 36 16
Mo-Fr 17-22,
Sa,So,Feiert. ab 12

Wassersport in Potsdam
(0331) 270 42 80

Auch die Landzunge **Templin** gegenüber, mit dem *Waldbad Templin (flach abfallender, hübscher Sandstrand, Mai-Sep ca. 9-20)* und der *Kanuvermietung Moisl* nebenan, bietet sich als guter Tourenstart an. Besonders jüngere Besucher werden von der Großwasserrutsche begeistert sein. In dem dahinter im Wald gelegenen Lokal *„Forsthaus*

(PHv 20)

 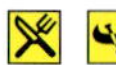

Bootsvermietung Moisl
01520 - 168 88 83

Forsthaus Templin
(033209) 21 79 79

Templin" mit der *Braumanufaktur* wird handwerkliche Brautradition gepflegt. Die einzige Bio-Brauerei Brandenburgs und Berlins arbeitet nach höchsten ökologischen Standards. Die naturtrüben Biere werden vom Zapfhahn und im Außer-Haus-Verkauf angeboten. Im gemütlichen Gastraum und im von Kastanienbäumen bestandenen Biergarten gibt es leckere Küche zu fairen Preisen. Zur Spargelsaison muss man den Beelitzer Spargel mit Serranoschinken in brauner Semmelbutter probiert haben.

An der Uferstraße südlich des Forsthauses findet sich mit der ***Marienquelle*** eine besondere Sehenswürdigkeit. *Der stark religiöse König Friedrich Wilhelm IV. ließ sich 1852 von August Stüler eine Quellfassung nach dem Vorbild des Grabes der Maria im Kidrontal in Jerusalem errichten, welche Stüler in einer der norddeutschen Backsteinarchitektur angepassten Form umsetzte.*

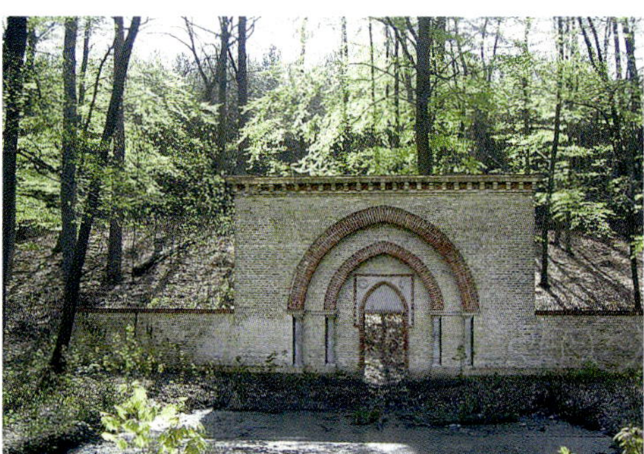

Die Marienquelle zwischen Caputh und Templin.

km 22
(PHv 20,3)

Seminaris SeeHotel
(0331) 909 00

Das *Seminaris SeeHotel* am linken Ufer ist dank des Anlegers des „Potsdamer Wassertaxi", das nach einem festen Fahrplan verkehrt und insgesamt 13 Anlegepunkte auf beiden Seiten der Havel ansteuert, nicht zu verfehlen. Das Hotel ist zwar hochpreisig, aber wunderschön in den Laub-Mischwald der ***Pirschheide*** eingebettet.

km 22,5
(PHv 20,8)

WSpFr. Pirschheide
0162 - 951 02 29
Di-So 16-21

Unmittelbar links vor der Eisenbahnbrücke bieten die *Wassersportfreunde Pirschheide* Schlafmöglichkeiten im Zelt. Neben Sanitäranlagen kann auch eine kleine Küche und, bei ekligem Wetter, der Klubraum genutzt werden. Größere Gruppen sollten sich vorher beim Wandersportwart anmelden.

Freiluftbar „Zeppelin"
(0331) 90 7-0
Mai-Sep Di-So ab 12

Nach der Eisenbahnbrücke zieht das pompöse *Kongresshotel Potsdam* die Blicke auf sich und die *Freiluftbar „Zeppelin"* lädt zu Cocktails, Snacks und Eisspezialitäten ein.

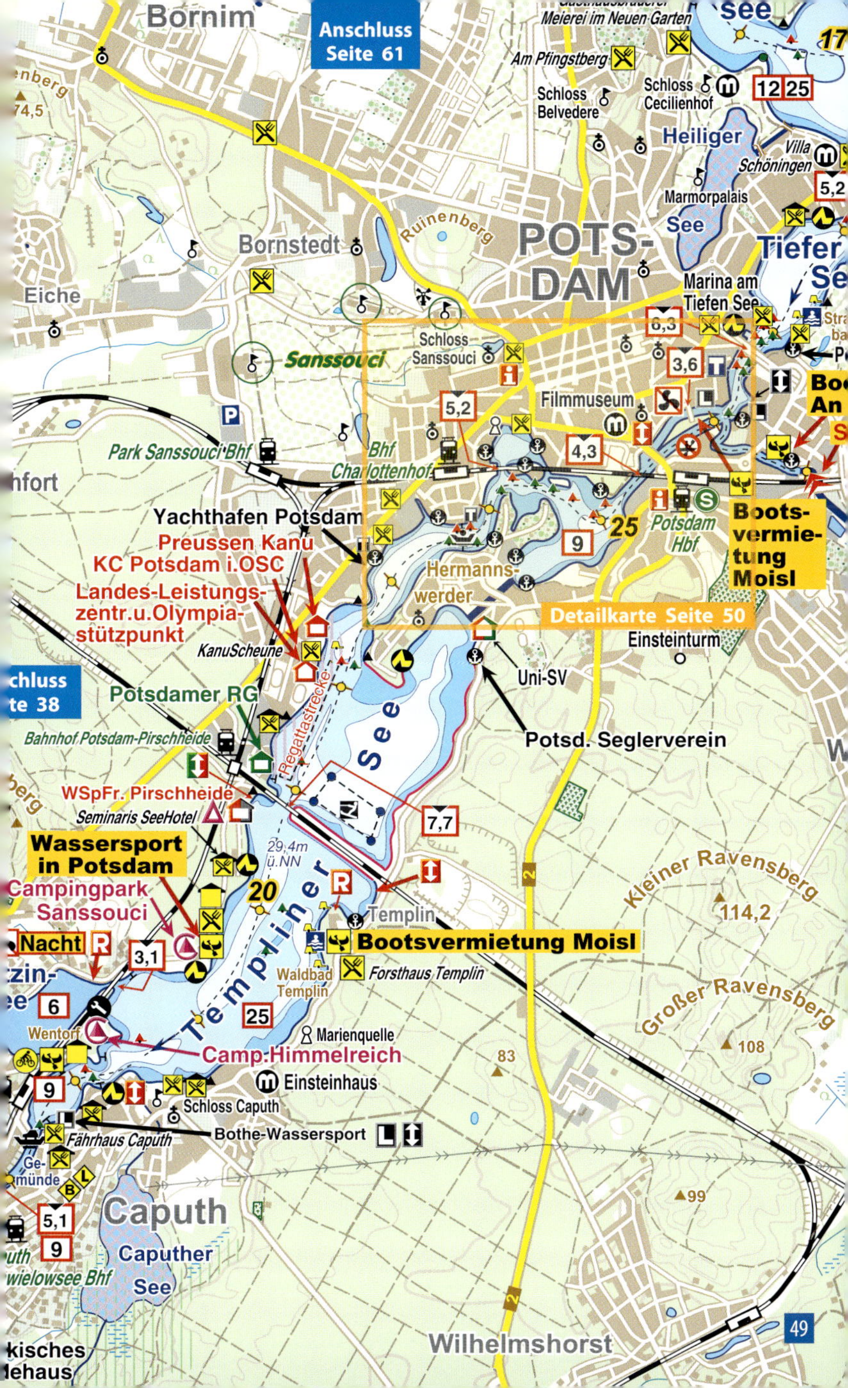

Bornim
Anschluss Seite 61
Meierei im Neuen Garten
Am Pfingstberg
Schloss Belvedere
Schloss Cecilienhof
Heiliger See
Villa Schöningen
Marmorpalais
Ruinenberg
Bornstedt
POTSDAM
Tiefer See
Marina am Tiefen See
Eiche
Sanssouci
Schloss Sanssouci
Filmmuseum
Park Sanssouci Bhf
Bhf Charlottenhof
Yachthafen Potsdam
Preussen Kanu
KC Potsdam i.OSC
Landes-Leistungs-zentr.u.Olympia-stützpunkt
KanuScheune
Hermannswerder
Potsdam Hbf
Bootsvermietung Moisl
Detailkarte Seite 50
Einsteinturm
Uni-SV
Potsd. Seglerverein
Potsdamer RG
Bahnhof Potsdam-Pirschheide
Regattastrecke
See
WSpFr. Pirschheide
Seminaris SeeHotel
29,4m ü.NN
Wassersport in Potsdam
Campingpark Sanssouci
Templin
Bootsvermietung Moisl
Forsthaus Templin
Waldbad Templin
Templiner See
Kleiner Ravensberg
114,2
Großer Ravensberg
108
83
Marienquelle
Wentorf
Camp.Himmelreich
Einsteinhaus
Schloss Caputh
Fährhaus Caputh
Bothe-Wassersport
Gemünde
Caputh
Caputher See
99
Wilhelmshorst

km 23,5 (PHv 22)

KanuScheune am Luftschiffhafen
(0331) 58 28 97 97
Mo-Fr ab 9, Sa,So ab 11

Unter dem Motto *„Wo Olympiasieger speisen"*, nur wenige Paddelschläge weiter, bewirtet die *KanuScheune* auf dem Gelände des *Olympiastützpunkt am Luftschiffhafen*. Die Location steht nicht nur den Spitzen- und Breitensportlern offen, sondern allen Potsdamern und Besuchern. Ob Kaffee und Kuchen, Snacks, täglich wechselnde Mittagsgerichte oder das Feierabendbier mit Blick auf den ***Templiner See***.

Voraus ragt die Halbinsel ***Hermannswerder*** weit in den See. Wir halten uns links und die Ufer werden zusehends städtischer.

km 24,6 (PHv 23,1)

Yachthafen Potsdam
(0331) 90 10 90

Kombüse No. 22
0174 - 644 61 56

Der *Yachthafen Potsdam* zieht vorüber, wo der *Grill- und Biergarten Kombüse No. 22* zu einem Imbiss einlädt. Sogar ein kleines, maritim eingerichtetes *Gästezimmer* steht zur Verfügung. Ideal in Anbetracht der Nähe zum Park Sanssouci und zum Stadtzentrum.

Hinter der *Seilfähre* **PHv 23,8** öffnet sich zur Linken die Durchfahrt unter der Eisenbahnbrücke in die ***Neustädter Havelbucht*** **km PHv 24,3.** *Am Ufer ist die sogenannte **„Moschee"** zu bewundern – das Gebäude wurde auf Wunsch König Friedrich Wilhelms IV. 1841-43 von Baumeister Ludwig Persius im maurischen Baustil errichtet und beherbergt das Pumpwerk, welches die Fontänen von*

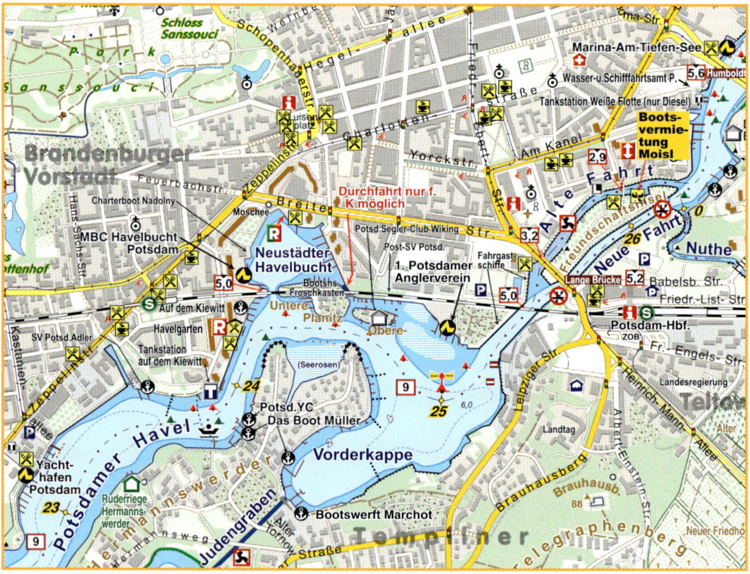

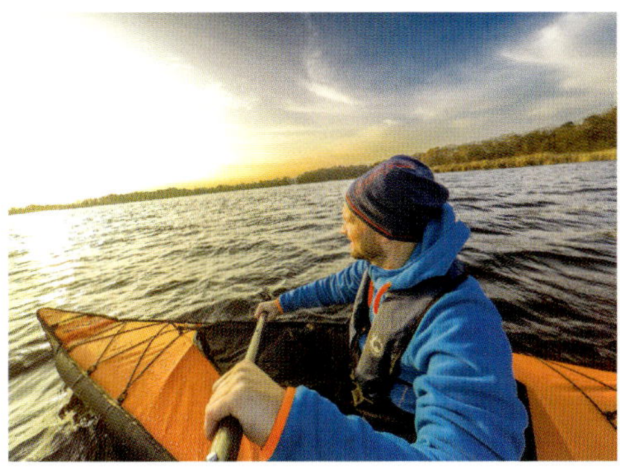

Unterwegs auf dem Templiner See.

Sanssouci speist. Da aufwändige Wasserspiele bei der Gestaltung der barocken Gärten eine wichtige Rolle spielten, gab es bereits im 18. Jh. unter Friedrich dem Großen Pläne für die Fontänen. Erst 60 Jahre später war die Technik weit genug, um sie zu realisieren. Das Maschinenhaus wurde mit einer Zweizylinder-Dampfmaschine ausgestattet, die etwa 82 PS reichten aus, um Wasser aus der Havel über eine knapp zwei Kilometer lange Leitung nach Sanssouci zu transportieren und die Fontäne dort auf 38 Meter Höhe hinaufzutreiben. 1895 wurde eine stärkere Dampfmaschine installiert, die 1937 durch zwei elektrische Kreiselpumpen ersetzt wurde. Seit 1992 werden sie von Mikroprozessoren gesteuert.

km 26,3

Seerose Potsdam
(0331) 201 47 08
Mi-So ab 12

Östlich des Dampmaschinenhauses fällt am Ufer ein extravagantes Gebäude in Form einer Blüte ins Auge. Die ***„Seerose Potsdam"*** wurde 1983 erbaut und wird mit großer Seeterrasse als Steak- und Burgerbar genutzt. Am südöstlichen Ende der ***Neustädter Havelbucht*** führt eine schmale Durchfahrt zwischen Ufer und Insel unter den Bahngleisen hindurch und an den Bootsanlegern vorbei zurück auf den eigentlichen Havellauf, dem wir nach links folgen. Zwischen der nächsten Brückenkombination aus Eisenbahn- und Straßenbrücke teilt sich die Havel vor der ***Freundschaftsinsel*** in ***Neue Fahrt*** (rechts) und ***Alte Fahrt*** (links). Hier halten wir uns links.

km 27,8 (PHv 25,5)

km 28,5 (PHv 26)

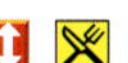

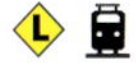

Bootsvermietung Moisl
01520 - 168 88 83

Nach 500 Metern bieten ein gutes Stück hinter dem Anleger für die Fahrgastschiffe die Treppenstufen am linken Ufer vor der Fußgängerbrücke hinüber auf die ***Freundschaftsinsel*** eine gute Möglichkeit die Fahrt zu beenden. Von hier ist es ein kurzes Stück zum ***Hauptbahnhof*** (400 Meter) um zum Auto zurückzukehren. Hinter der Brücke befindet sich rechts die ***Bootsvermietung Moisl.***

Blick auf Potsdam

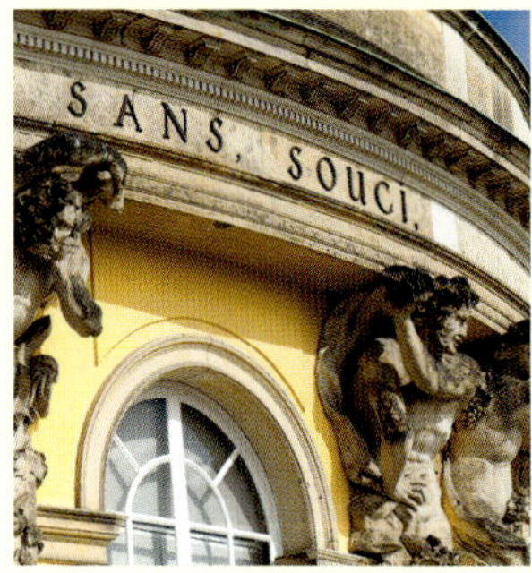

Schloss Sanssouci:
Das preußische Versailles.

In der heutigen Landeshauptstadt Brandenburgs haben sich zahlreiche brandenburgische Kurfürsten, preußische Könige und deutsche Kaiser mit prachtvollen Schlössern und Residenzen ein Denkmal gesetzt, so dass es nicht an prächtigen Bauwerken und Sehenswürdigkeiten mangelt.
Hauptattraktion ist ohne Zweifel Schloss Sanssouci mit seinem weitläufigen Park. Abrunden lässt sich der Stadtrundgang mit einem Bummel durch das Holländische Viertel mit vielen kleinen Läden und Kunsthandwerkern oder einem Spaziergang über die blumengeschmückte Freundschaftsinsel.

Tourist-Infos: **Hauptbahnhof** (neben Gleis 6) *(Mo-Sa 9.30-18, So 10-16)*, **Am Luisenplatz,** Luisenplatz 3, *(Mo-Sa 9.30-18, Apr-Okt auch So 10-16)*, **Am Alten Markt**, Humboldtstr. 1-2, *(Mo-Sa 9.30-19, So 10-16)*, Tel. (0331) 27 55 88 99, www.potsdamtourismus.de

① ***Freundschaftsinsel.*** Naherholungsgebiet mit Blumenrabatten und Café zwischen Alter und Neuer Fahrt.

② ***Filmmuseum.*** Fotos, Drehbücher, Requisiten aus mehr als 100 Jahren Filmstudios Babelsberg. *Breite Straße 1a, Tel. (0331) 271 81 12, Di-So 10-18, Eintritt 7 € / 5 €, Familie 20 €.* Foyerausstellung und Historische Filmtechnik im Museumfoyer: *Eintritt frei.*
Kino (historische Spiel- & Dokumentarfilme) *Di-So 17 & 19, Do-Sa auch 21*, Kinderkino *Mi, Sa, So 15*, www.filmmuseum-potsdam.de

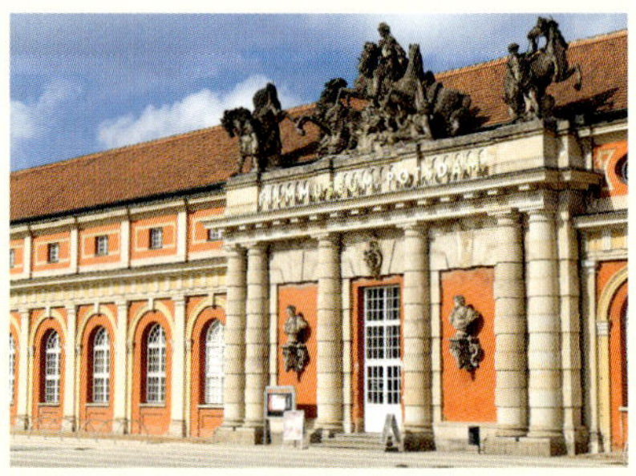

③ ***Neuer Markt.*** Barockplatz mit dem „Haus der Brandenburg-Preußischen Geschichte" im ehemaligen Kutschstall.

④ ***Chinesisches Haus.*** Herausragendes Beispiel der Chinamode im Europa des 18. Jh. *Mai-Okt Di-So 10-18, Eintritt 3 € / 2 €.*

⑤ ***Neues Palais.*** Dreiflügeliger Prunkbau mit dem zwei Stockwerke umfassenden Marmorsaal, auf Anlass Friedrich II. 1763-1769 erbaut.
Apr-Okt Mi-Mo 10-18, Nov-Mär Mi-Mo 10-17, Tel. (0331) 969 42 00, Eintritt mit Führung oder Audioguide 8 € / 6 €.

Tipp: **Ticket „sanssouci+“** Tagesticket gültig für alle Schlösser der Stiftung Preußische Schlösser und Gärten rund um Potsdam und Berlin, *19 € / 14 €, Familien 49 €.*

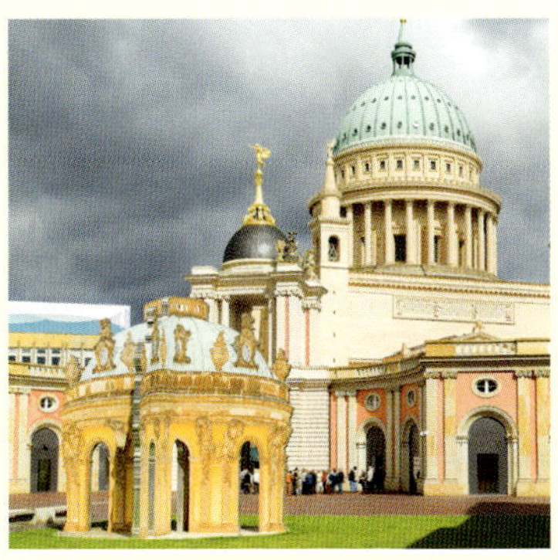

⑥ ***Orangerie.*** 300 Meter langes Gebäude nach dem Vorbild italienischer Renaissancevillen, im Raphaelsaal viele Gemäldekopien des Meisters. *Mai-Okt Di-So 10-18, Apr Sa/So 10-18, Eintritt 4 € / 3 €.*

⑦ ***Schloss Sanssouci.*** Sommerresidenz und Lustschloss Friedrichs. 1745-1747 errichtet, gilt es als Hauptwerk der deutschen Rokokoarchitektur. *Apr-Okt Di-So 10-18, Nov-Mär Di-So 10-17, Tel. (0331) 969 42 00, Eintritt mit Führung oder Audioguide 12 € / 8 €.*

⑧ ***Holländisches Viertel.*** Etwa 150 Backsteinhäuser mit schmucken Treppengiebeln aus dem 18. Jh., die einst für die nach Potsdam gerufenen holländischen Handwerker errichtet wurden. Nun sind Kunsthandwerker, kleine Läden und Restaurants eingezogen.

⑨ ***Alter Markt.*** Historischer Stadtkern mit Nikolaikirche mit fast 80 Meter hoher Kuppel, Altem Rathaus (1753 bis 1755) mit vergoldeter Atlas-Figur, Knobelsdorff-Haus von 1750 und 2013 fertiggestelltem, neuem Landtagsgebäude im historischen Gewand des Potsdamer Stadtschlosses.

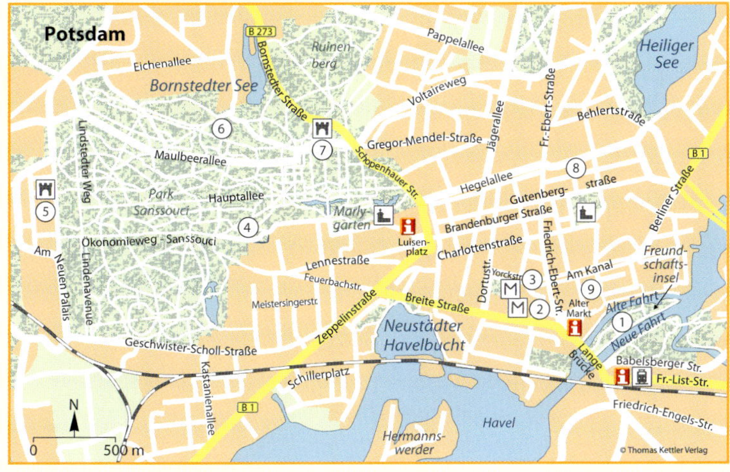

Potsdam – Pfaueninsel – Schildhorn & zurück

Aktivitäten	Natur	Kultur	Baden	Hindernisse
★★★☆	★★★☆	★★★☆	★★★☆	☆☆☆☆

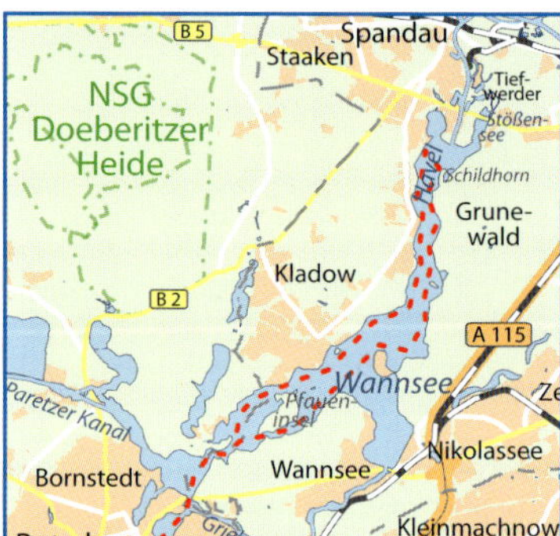

Charakter der Tour

Dem Wirken der einstigen Preußenkönige begegnet man auf dieser abwechslungsreichen Rundtour im ersten Abschnitt von Potsdam zur Pfaueninsel. Sie steht gemeinsam mit den Schlössern und Parks von Sanssouci und mit Schloss Glienicke als Weltkulturerbe auf der Liste der UNESCO. **Wichtiger Hinweis:** Wasserwanderer dürfen nicht an der Pfaueninsel anlegen!

Dann öffnet sich die Havel zu einer riesigen, seenartigen Wasserfläche, die je nach Windrichtung am linken oder rechten Ufer befahren werden sollte. Den Großen Wannsee rechts liegen lassend, geht es entlang des Grunewalds Richtung Norden. Zahlreiche schöne Badestellen säumen das Ufer des bewaldeten Moränenhügels.

Am „See"-Ende lohnt noch ein Abstecher in das aufgrund der zahlreichen Wasserläufe auch „Klein-Venedig von Spandau" genannte Tiefwerder *(Beschreibung siehe Tour 4)*. Von Schildhorn geht es dann am westlichen Ufer wieder zurück nach Potsdam.

Sehenswürdigkeiten

Potsdam: *Schloss Babelsberg, Glienicker Brücke, Museum Villa Schöningen, Schloss Cecilienhof, Heilandskirche Sacrow,* siehe auch „Blick auf Potsdam" Seite 52.

Wannsee: *Kirche St. Peter und Paul,* russisches *Blockhaus Nikolskoe, Schloss* und *Landschaftsgarten Pfaueninsel.*

Schwanenwerder: *Rest des zerstörten Palais des Tuileries* (Foto), *Goebbels-Bunker.*

Grunewald: *Grunewaldturm, Schildhorndenkmal.*

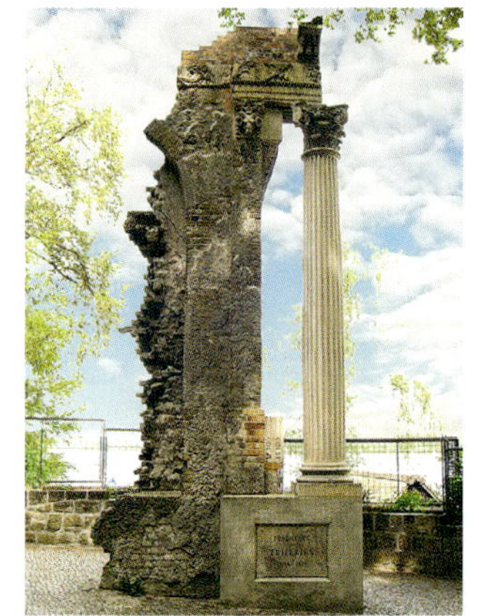

Gatow: *Villa Lemm* (1907-08), *Dorfkirche* (14. Jh.), *„Auslandshaus“* (1937-38) der nationalsozialistischen Hitler-Jugend.
Kladow: *Dorfkirche* (19. Jh.), *Militärhistorisches Museum* der Bundeswehr.

Die Villa Lemm in Gatow.

Sonstige Aktivitäten

Paddeln

Potsdam – Griebnitzsee – Kleiner und Großer Wannsee.
Potsdam – Spandau – Tegelort – **Richtung Oranienburg** bis in die Mecklenburgische Kleinseenplatte.

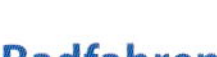

Radfahren

Um den Schwielowsee auf dem „F1“ (Potsdam – Petzow – Ferch – Caputh – Potsdam, 34 km).
Potsdam – Marquardt – Golm – Potsdam (33,5 km).
Mehrtagestouren auf dem **Havel-Radweg**.

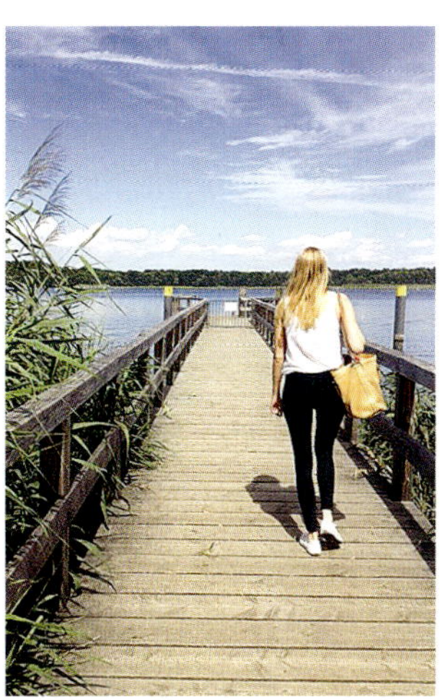

Wandern

Rundgang über die Pfaueninsel.
Wanderung durch den Grunewald **zum Jagdschloss** am Grunewaldsee (Lucas Cranach-Ausstellung und Jagdzeugsammlung).
Wanderung zum Teufelssee (schöne Badestelle) im Grunewald.
Wanderung zum „Friedhof der Namenlosen“ (einer der idyllischsten Friedhöfe Berlins) im Grunewald nahe Schildhorn.

Sonstiges

Ausflugsfahrt über die Havelseen (**Info:** Stern und Kreisschiffahrt Berlin, Tel. (030) 536 36 00, www.sternundkreis.de).

Anreise

Pkw: Über die A 115 Abfahrt 6 Potsdam-Babelsberg, dann die Nuthestraße nach Potsdam. Links ab in Berliner Str., wieder links in die Burgstraße.
ÖPNV: Mit der R1 oder S7 in 20-30 Minuten von Berlin Zoo.

Kanuvermieter *(Adressen in alphabetischer Ortsreihenfolge Seite 93)*

„Bootsvermietung Moisl" und ***„Bootsverleih An der Nuthe"*** in **Potsdam.**
„Wassersport in Potsdam" (auch mit Transfer) am **Templiner See.**
Kajaks, Kanus & SUPs im S-Bahnhof **Griebnitzsee (Potsdam).**
„Söhnel Werft" **am Griebnitzsee**.
Wer im Norden beginnt: ***„Der Bootsladen"*** in **Tiefwerder, Spandau.**

Etappenvorschlag

1. Tag: Potsdam – Schildhorn	18 km
2. Tag: Schildhorn – Potsdam	17 km

Tipps für Tagestouren

Rundtour um die Pfaueninsel (ca. 14 km).
Potsdam – Jungfernsee – Krampnitzsee und zurück (ca. 14 km).

Einsetzstelle & Aussetzstelle: Am Ufer der „Alten Fahrt" in Potsdam (Zufahrt bis Burgstraße möglich).

Länge der Tour: ca. 35 km

Dauer: ca. 2 Tage

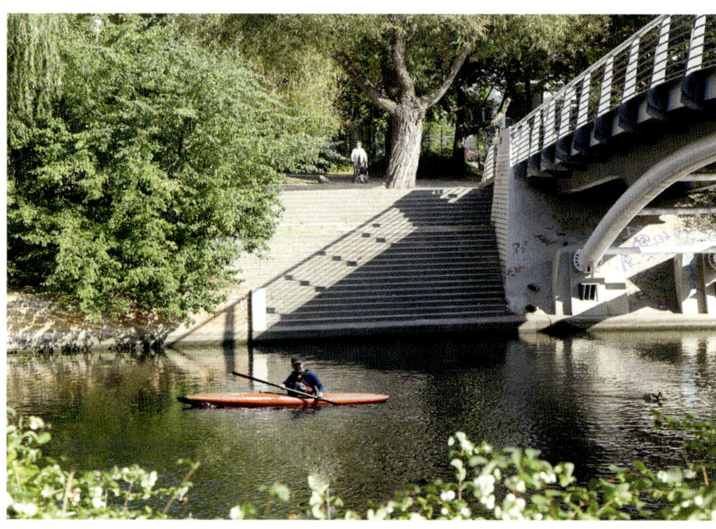

An den Treppen vor der Fußgängerbrücke zur Freundschaftsinsel lässt sich die Tour gut beginnen und beenden.

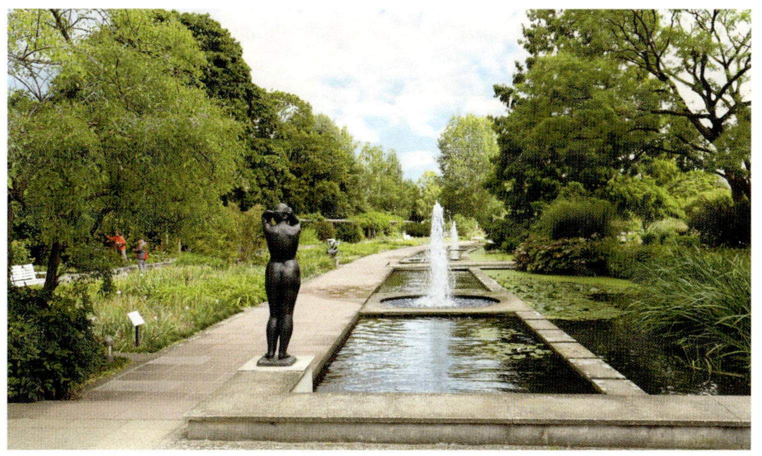

Ein gärtnerisches Kleinod: Die Freundschaftsinsel zwischen der Alten und der Neuen Fahrt der Havel.

Im Wasserarm ***„Alte Fahrt"*** kann man links direkt vor der Fußgängerbrücke hinüber zur ***Freundschaftsinsel*** *(Gartenlandschaft mit mehr als 1000 verschiedenen Stauden- und über 250 Schwertliliensorten)* an flachen Treppenstufen gut *einsetzen*. Hinter der Brücke befindet sich gegenüber auf der Insel die *Bootsvermietung Moisl*.

km 0

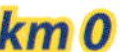 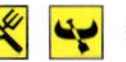 

Bootsvermietung Moisl
01520 - 168 88 83

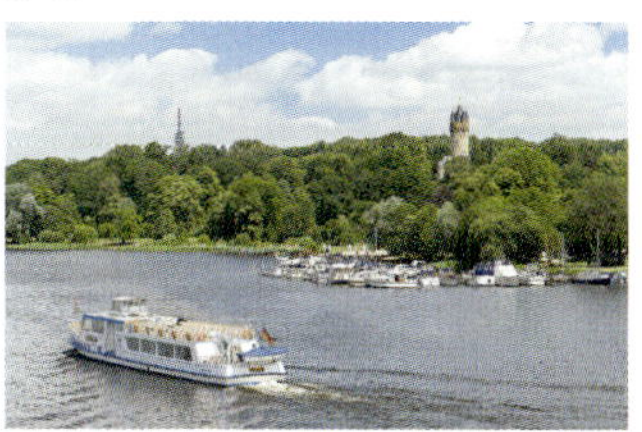

Schon bald stößt von rechts die ***„Neue Fahrt"*** hinzu und unter der breiten Humboldtbrücke sehen wir voraus den See ***„Tiefer See"***.

Hinter der Brücke vermietet die *„Marina am Tiefen See"* SUP-Boards oder lädt zum *Essen* auf die große Havelterrasse. Nur wenige Meter weiter liegt das *„Theaterschiff"* *(Gastronomie)* vertäut *– ein Frachtschiff von 1924 das ganzjährig als Kulturort bespielt wird. Nostalgische Schiffsatmosphäre, Kunst & Kneipe machen den Besuch zu einem besonderen Erlebnis.*

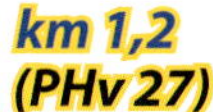

km 1,2 (PHv 27)

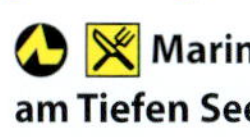

Marina am Tiefen See
(0331) 817 06 17

 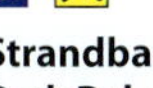

Das am gegenüberliegenden *Strandbad Babelsberg* ist in eine der schönsten Parkanlagen Potsdams eingebettet und wartet mit einem feinen Sandstrand auf.

Strandbad Park Babelsberg
(0331) 661 98 34
Mai-Sep 9-19/20

km 2,1
(PHv 27,8)

PensionLuise & Am Tiefen See
(0331) 24 02 22

Kurz vor der ***„Babelsberger Enge"*** findet sich links noch vor dem „Gelbe-Welle"-Zeichen des ESV Lokomotive Potsdam *(Gastronomie)* das Grundstück der ***Pension „Am Tiefen See"*** mit der davor vertäuten ***Schiffspension „Luise".*** Zurück fällt der Blick noch einmal auf ***Schloss Babelsberg*** und den ***Flatowturm*** im ***Park Babelsberg***. *Kaiser Wilhelm I. ließ ihn im 19. Jh. in Anlehnung an den mittelalterlichen Turm des Eschenheimer Tors in Frankfurt am Main erbauen und setzte damit die Potsdamer Bautradition fort, an herausgehobenen Plätzen Aussichtsgebäude zu errichten.*

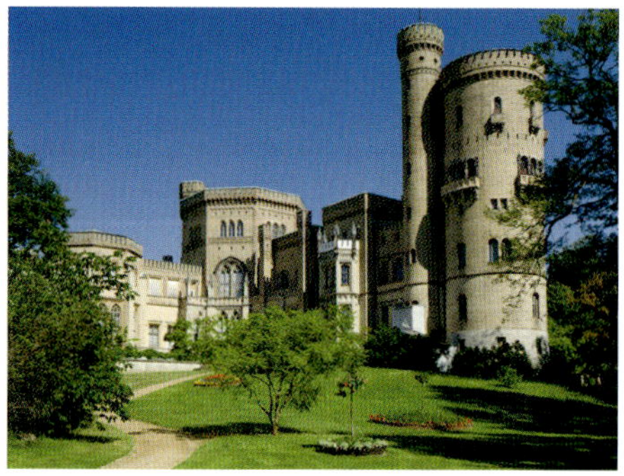

Schloss Babelsberg war Sommersitz des späteren Kaisers Wilhelm I.

Hinter der ***„Babelsberger Enge"*** liegt links vor uns die ***Glienicker Brücke***. *Sie wurde 1907 errichtet und später zu einem legendären Schauplatz des Kalten Krieges, da über sie der Agentenaustausch zwischen den USA und der Sowjetunion abgewickelt wurde.*

km 2,7
(PHv 28,6)

Villa Schöningen
(0331) 200 17 41
Do-So 10-18

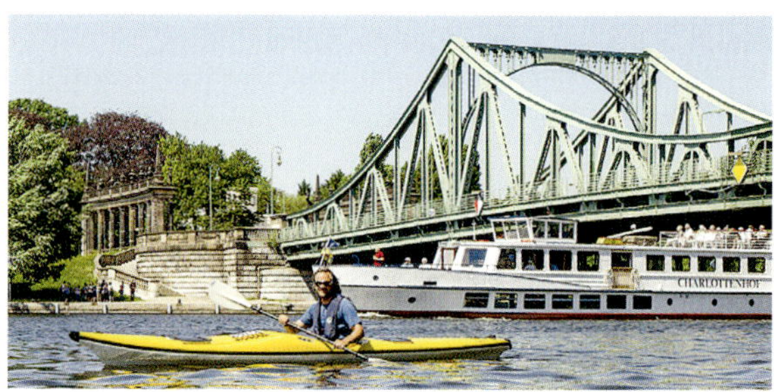

Die Glienicker Brücke verbindet Berlin und Potsdam.

Wenige Schritte von der Brücke entfernt liegt am Westufer die ***Villa Schöningen,*** die heute *„ein öffentlicher Ort der Geschichte, der Kunst und der Freiheit"* ist. *Das 1843 von Ludwig Persius auf Geheiß König Friedrich Wilhelm IV. im Stil einer italienischen Turmvilla errichtete Gebäude war einst bewohnt vom jüdischen Mitgründer der Deutschen Bank, Hermann Wallich. Dann fiel es in Besitz sowjetischer Kommunisten und diente später als sozialistisches Kinderwochenheim.* Interessantes über Villa und Glienicker Brücke erfährt man in einer Dauerausstellung, zusätzlich präsentiert das Museum zeitgenössische Kunst in einer Wechselausstellung.

Abstecher Glienicker Brücke – Schloss Cecilienhof

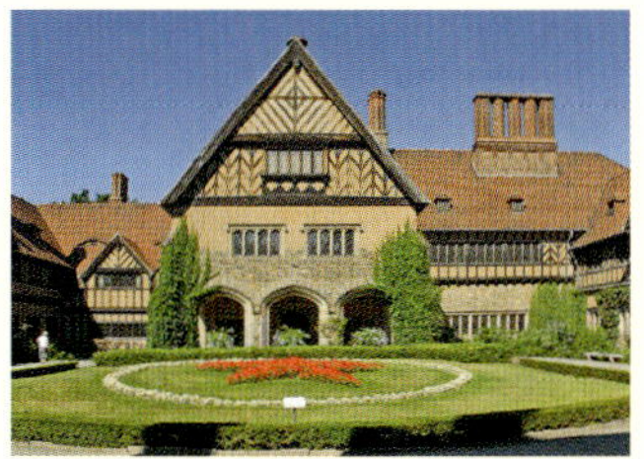

Ein Abstecher (ca. 1,8 km) führt uns ein Stück in den ***Jungfernsee***, um *Schloss Cecilienhof*, dem Hohenzollernschloss und historische Stätte der Potsdamer Konferenz, einen Besuch abzustatten. *In dem von 1913-17 im englischen Landhausstil errichteten Schloss, das bis 1945 Wohnsitz des letzten deutschen Kronprinzenpaars Wilhelm und Cecilie von Preußen war, fand vom 17. Juli bis 2. August 1945 das Gipfeltreffen der Siegermächte des Zweiten Weltkrieges statt, an dem die „Großen Drei", der amerikanische Präsident Harry S. Truman, die britischen Premierminister Winston Churchill bzw. Clement Attlee und der sowjetische Staatschef Joseph Stalin, teilnahmen.*

Schloss Cecilienhof
(0331) 96 94 200
Di-So 10-17/18

Unweit davon liegt die ***Gasthausbrauerei „Meierei im Neuen Garten"***, ein architekturgeschichtliches Denkmal von herausragender Bedeutung. Brauhaus Klassiker wie Soljanka, Preußische Kartoffelsuppe oder Berliner Eisbein stehen auf der Karte.

Meierei im Neuen Garten
(0331) 704 32 11

Sich ans nördliche Ufer des ***Jungfernsees*** haltend, geht es zurück auf die ***Potsdamer Havel***.

km 4,1 (UHW 16,4)

Gegenüber der ***Landspitze Krughorn*** liegt die *1844 nach Plänen von Ludwig Persius im italienischen Stil errichtete* ***Sacrower Heilandskirche*** *mit dem freistehenden Glockenturm. Nachdem sie über Jahrzehnte in den Bereich der Berliner Mauer integriert war und schwere Schäden erlitten hatte, restaurierte man sie nach der Wende. Die erste deutsche Antennenanlage für drahtlose Telegraphie wurde 1887 von Adolf Slaby und Georg Graf von Arco auf ihrem Turm errichtet und so kann man sagen, dass die drahtlose Nachrichtenübertragung hier ihren Anfang nahm.* 200 Meter rechts von ihr kann man gut anlanden.

Heilandskirche
Mai-Aug
Di-So 10-16
Mär, Apr, Sep, Okt
Di-So 10-15.30

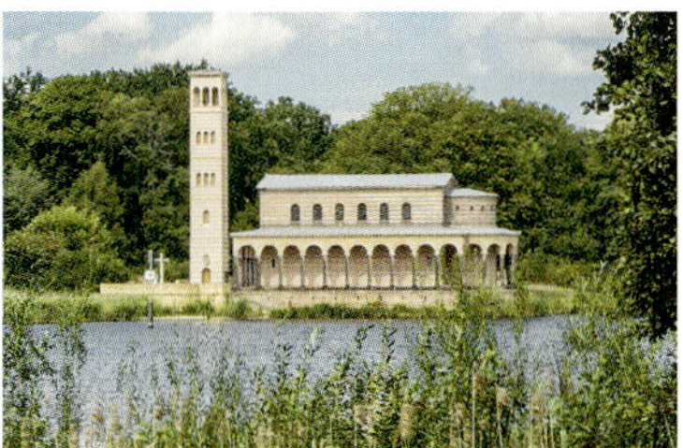

In der DDR wurde der Kirchturm der Heilandskirche als Wachturm missbraucht, denn die Havel bildete die Grenze.

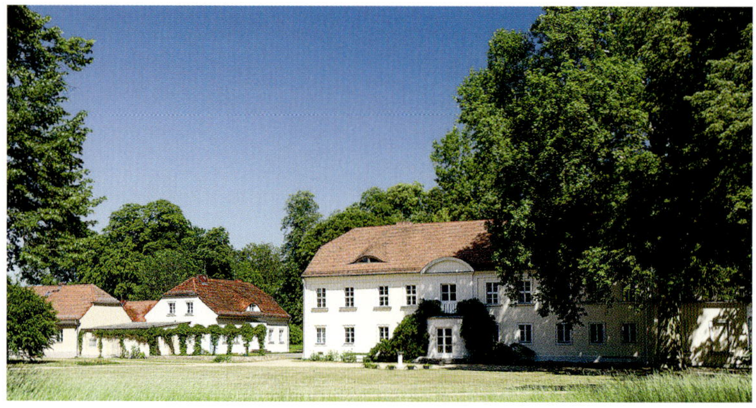

Schloss Sacrow schließt den Ring der Gartenanlagen um den Potsdamer Jungfernsee.

Wenige hundert Meter landeinwärts liegt das 1773 vom schwedischen Generalleutnant Johann Ludwig von Hordt erbaute **Sacrower Schloss**, welches von außen besichtigt werden kann. Die Innenräume sind nur während besonderer Veranstaltungen oder Ausstellungen für die Öffentlichkeit zugänglich.

km 4,6 (UHW 16)

Wirtshaus Moorlake
(030) 805 58 09
tgl. 11–22

Das historische ***Wirtshaus Moorlake*** am Ende einer Bucht zur Rechten, kann auf eine über 100-jährige Tradition zurückblicken. *König Friedrich Wilhelm IV. ließ 1840 zu Ehren seiner aus Bayern stammenden Gemahlin aus dem Hause Wittelsbach ein Forsthaus und ein Stallgebäude im bayerisch-schweizerischen Stil errichten. Anfänglich für Jagdausflüge genutzt, diente es Ende des 19. Jh. als Poststation an der Strecke Berlin – Potsdam.*
Heute werden Wildgerichte oder Altberliner Spezialitäten wie Lammkeule mit heller Zwiebel-Kümmel-Sauce und frische Kalbsleber "Berliner Art" serviert. Zahlreiche Künstler wie Walther Giller, Otto Sander, Dieter Hallervorden, Michael Degen oder Edith Hanke sind hier schon aufgetreten.

Auf dem idyllischen **Uferweg** entlang der Havelbucht zwischen Glienicker Brücke und Pfaueninsel kann man sich überdies wunderbar die Beine vertreten.

Hoch über dem rechten Ufer thront ***St. Peter und Paul.*** *Die Kirche mit dem charakteristischen Zwiebelturm wurde 1834-37 nach Plänen August Stülers errichtet. Während die Fassade einen Bezug auf Russland nimmt, sind Grundriss und Ausstattung streng protestantisch.*

Daneben steht das ***Blockhaus Nikolskoe*** im Stil eines russischen Bauernhauses. *Die älteste Tochter des preußischen Königs Friedrich Wilhelm III., Charlotte, hatte 1817 Zar Nikolaus I. geheiratet und um seinem Schwiegersohn zu gefallen, ließ Friedrich das Blockhaus bauen. Sein findiger Leibkutscher Iwan bewirtete die, nach Einführung der Eisenbahn- und Dampferlinien, ständig steigende Besucherzahl und auch heute noch kann man in der Traditionsgaststätte gut essen und den herrlichen Blick auf die Havel genießen.*

km 5,7 (UHW 15)

St. Peter und Paul
tgl. 11–16

Blockhaus Nikolskoe
(030) 805 29 14
tgl. 10.30–18

Anschluss Seite 69

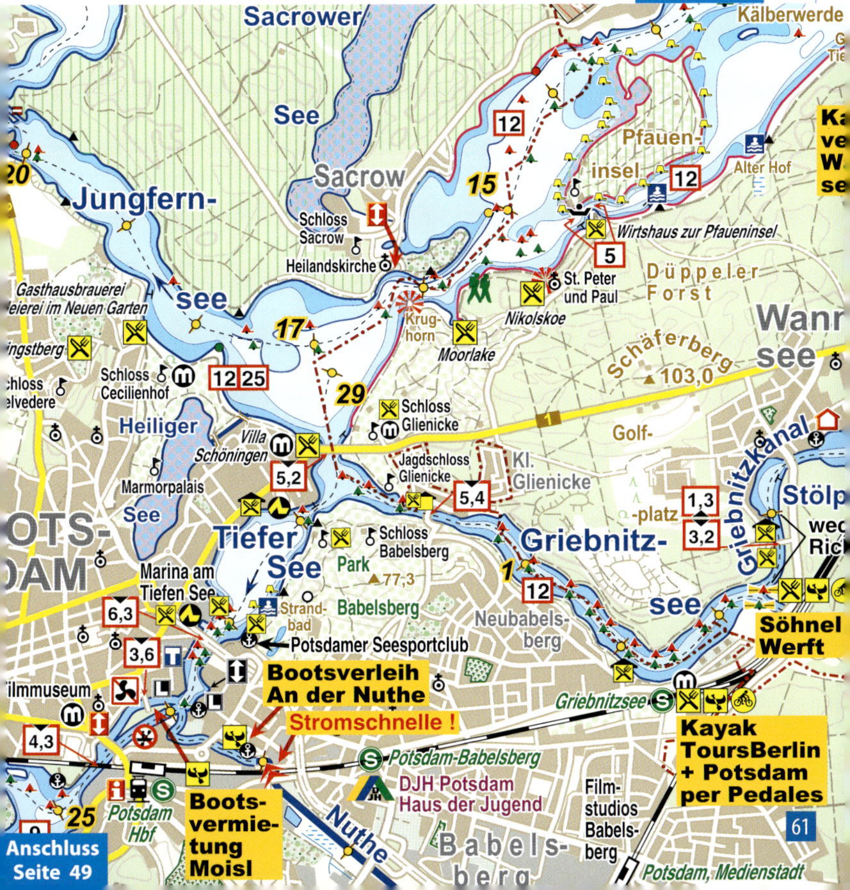

Anschluss Seite 49

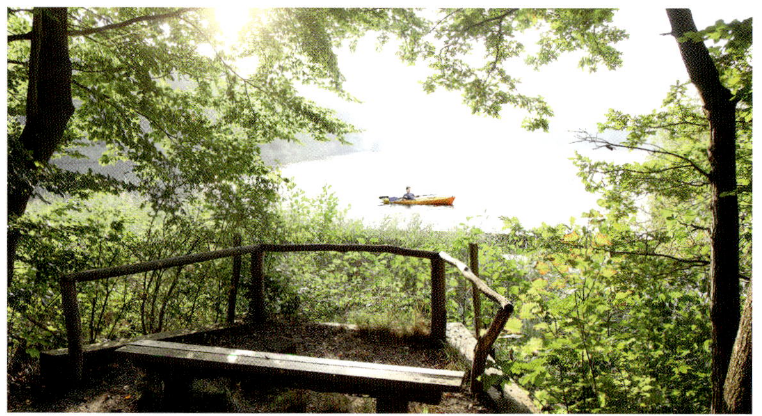

Herrliche Ausblicke auf dem Wanderweg vom Wirthaus Moorlake zur Pfaueninsel.

km 6,2
(UHW 15)

Fähre „Luise"
Mai-Aug 8–21
Apr,Sep 9–19
alle 15 Min., 3 €

Wirtshaus Zur Pfaueninsel
(030) 805 22 25
Mi-Mo ab 10

An der schmalsten Stelle zwischen dem ***Düppeler Forst*** auf der Insel **Wannsee** und der *Pfaueninsel* verkehrt eine kleine *Fähre* und am rechten Ufer können wir für den Besuch der Insel oder eine Rast im *Wirtshaus Zur Pfaueninsel* anlanden. Das Anlegen an der Pfaueninsel selbst ist dagegen für Paddler nicht gestattet.

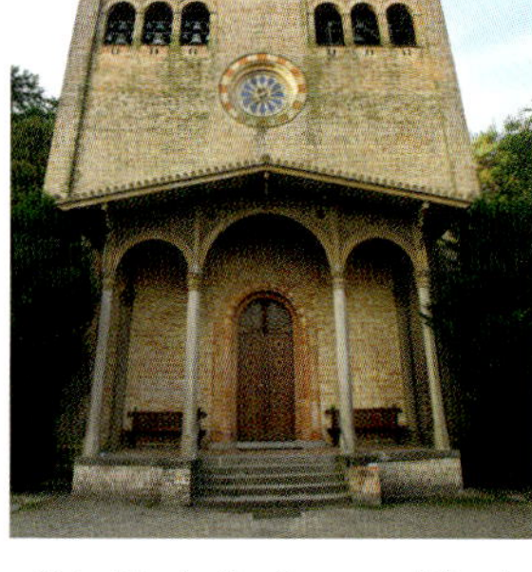

Die Kirche St. Peter und Paul, nach Plänen von August Stüler.

Von hier lohnt auch ein etwa 10-minütiger **Spaziergang** hinauf zur ***Kirche St. Peter und Paul*** und zum ***Blockhaus Nikolskoe***.

km 7,5

Vorbei an der großen *Badewiese „Alter Hof"* lassen wir hinter der ***Pfaueninsel*** die kleine Insel ***Kälberwerder*** links liegen.

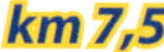

Sie ist Eigentum des Ruderklubs am Wannsee und daher nur Mitgliedern und deren Gästen mit ausdrücklicher Zustimmung zugänglich.

Im Jahre 1909 wurde sie von einem Ruderclub-Mitglied gekauft und dem Verein vermacht. Die 1936 im Blumentopf

Die Pfaueninsel

Das 88 Hektar große Eiland, das zum Weltkulturerbe der UNESCO gehört, ist ein beliebtes Naherholungsgebiet. Es kann nur zu Fuß erkundet werden, Fahrzeuge jeglicher Art, Hunde und das Rauchen sind verboten. Zu entdecken gibt es entlang der Spazierwege außer den etwa 40 hier lebenden Pfauen das ***Schloss Pfaueninsel***, das ***Kavaliershaus***, das ***Schweizerhaus***, die ***alte Meierei***, ***Rosengärten*** sowie über das gesamte Areal locker verteilte ***Skulpturen*** und ***Springbrunnen***.

Friedrich Wilhelm II. erwarb im Jahre 1793 für sich und seine junge Geliebte die Pfaueninsel und ließ im südwestlichen Teil das schneeweiße Schloss in Form einer romantischen Ruine errichten. Die elegante Inneneinrichtung mit kleinen Teesalons und der mit wertvollen Hölzern geschmückte Speisesaal sind noch immer original erhalten.

Unter Friedrich Wilhelm III. verwandelte der Landschaftsarchitekt Peter Joseph Lenné die Insel in einen traumhaften Landschaftspark mit einer Menagerie, die bald jene 850 Tiere fasste, die Wilhelm von seinen adligen Gästen als Geschenk erhalten hatte. Anfangs durften die Tiere zweimal wöchentlich vom gemeinen Volk bestaunt werden, später stiftete er die Tiere der Residenzstadt Berlin, sie waren der Grundstock für den Berliner Zoologischen Garten. Überbleibsel der Menagerie sind als Nachkommen die noch heute auf der Insel umherstolzierenden Pfauen und verschiedene Hühnerrassen in den Volieren. Seit einigen Jahren grasen im Sommer auch wieder Wasserbüffel auf der Pfaueninsel.

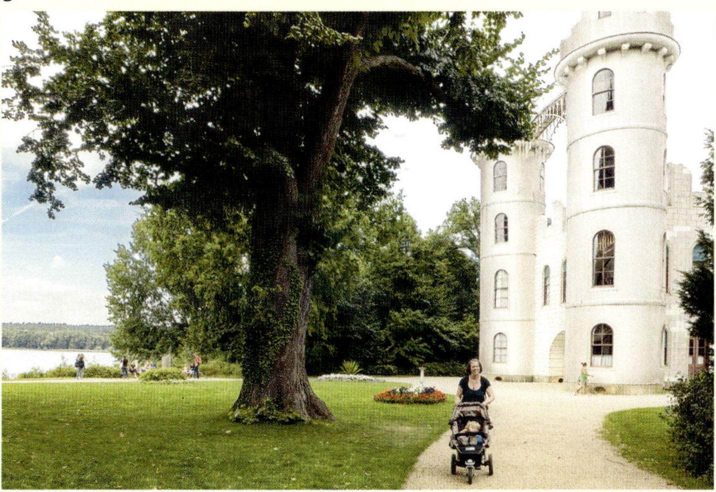

Das Schloss auf der Pfaueninsel wurde im Stil einer mittelalterlichen Burg erbaut.

vergebene „Olympia-Eiche", anlässlich der Goldmedaille im Zweier übergeben, wurde hier eingepflanzt und hat es inzwischen zu stattlicher Größe gebracht. Vom 18. bis Anfang des 20. Jh. brachten die Bewohner Kladows und der Pfaueninsel ihr Vieh zum Weiden auf die Insel, was ihr den Namen eingebracht hat. Heute bietet sie im Sommer auf 5000 Quadratmetern naturnahe Erholung pur – für Ruderclub-Mitglieder!

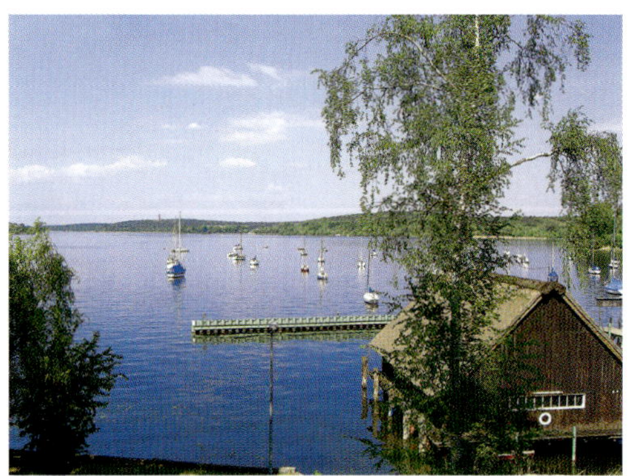

Schwanenewerder war Rückzugsort der Prominenz in den 1930er Jahren und Berlins teuerstes Grundstück.

Auf Höhe der DLRG-Rettungsstation ***Großes Tiefehorn*** trifft der ***Große Wannsee*** auf die ***Havel***. Lassen es die Windverhältnisse zu, queren wir hinüber zum weißen Sandstrand vom ***Strandbad Wannsee***, orientieren uns aber links davon und gleiten bald unter der Brücke hindurch, die die Insel ***Schwanenwerder*** *(anlegen nicht möglich)* mit dem Festland verbindet.

km 10,6 ***Schwanenwerder***, ehemals eine Viehweide, ist fast komplett mit Villen und Einfamilienhäusern bebaut. *Vor dem Ersten Weltkrieg wohnten hier Wohlhabende wie die Warenhausbesitzer Israel und Karstadt, Bankdirektoren oder der Inhaber der Schokoladenfabrik Trumpf. Mit den Nazis kamen die Enteignungen und Zwangsverkäufe zu Spottpreisen der Häuser jüdischer Besitzer. Neue Eigentümer wurden beispielsweise Propagandaminister Joseph Goebbels, Hitlers Leibarzt Theo Morell oder Albert Speer. Sogar ein Grundstück für Hitler war von der Reichskanzlei erworben worden.*

km 11,7 *(300m)* 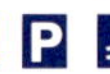   Da wo die Havel ihre breiteste Ausdehnung hat, liegt die wegen ihres freien Ausblicks benannte viereckige *Badebucht* ***„Großes Fenster"***, eine beliebte Badestelle *(DLRG-Rettungsstation)* in der Bucht ***„Große Steinlanke"***, unterhalb der ältesten Eiche *(Naturdenkmal)* im Berliner ***Grunewald***. *In der Bucht befand sich im 19. Jh. eine von* *mehreren Holzablagen im Grunewald, wo das im Wald geschlagene Holz gesammelt und später verschifft wurde.*

Auf einer Länge von rund einem Kilometer passiert man immer wieder schöne Sandstrände, die zur Badepause einladen. *Eine Besonderheit des Grunewalds stellen die teilweise sehr steilen Hangwälder dar. Gletscher der Weichsel-Eiszeit vor rund 10.000 Jahren schoben riesige Gesteins- und Geröllmassen vor sich her. Die ehemaligen Abflussrinnen des Schmelzwassers sind noch deutlich zu erkennen und tiefe Täler führen zur Havel hinunter.*

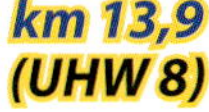

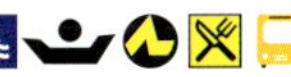

Insel Lindwerder
(030) 803 65 84
Mi-So ab 11.30

Auch die ***Lieper Bucht***, *ebenfalls ein früherer Holzablageplatz, ist ein sehr beliebtes Ziel badelustiger Berliner, die vom U-Bahnhof in Charlottenburg (Theodor-Heuss-Platz) mit dem historischen Doppeldecker-Bus 218 Richtung Pfaueninsel bis Lindwerder fahren.*
Zwei lauschige ***Badestellen*** auf Höhe der ***Insel Lindwerder*** mit großen Sandstränden und Schatten spendenden Bäumen sind wegen der flachen Ufer gut für Kinder geeignet. Auf der Insel gibt es ein ***Restaurant*** mit schöner Terrasse. Übergesetzt wird mit einem kleinen ***Fährboot*** *(Klingel am Ufer!)*. Ein ***„Gelbe-Welle"-Anleger*** befindet sich im nordöstlichen Teil der Insel.

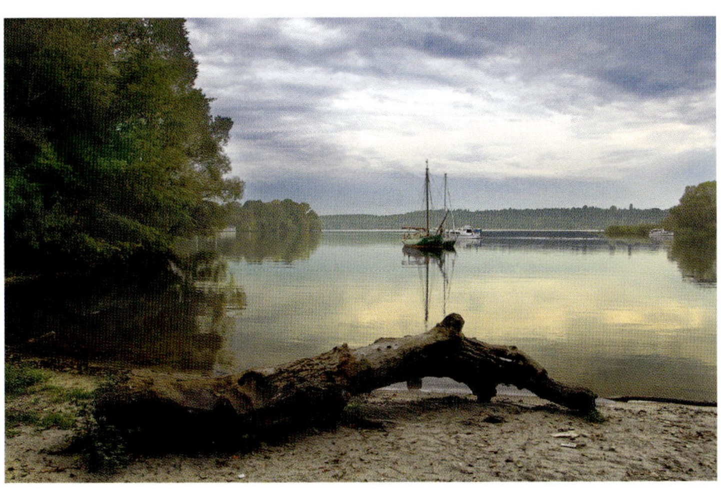

Bei diesem Blick über die Lieper Bucht muss man unwillkürlich an die „Schatzinsel" denken.

Vom Festlandufer aus lässt sich eine schöne Wanderung auf dem 10 Kilometer langen **„Havelhöhenweg"** oberhalb des Havel-Uferwegs machen, der von der Heerstraße in Pichelswerder bis zum Strandbad Wannsee an einigen Sehenswürdigkeiten (Infotafeln) vorbeiführt und herrliche Ausblicke bereithält.

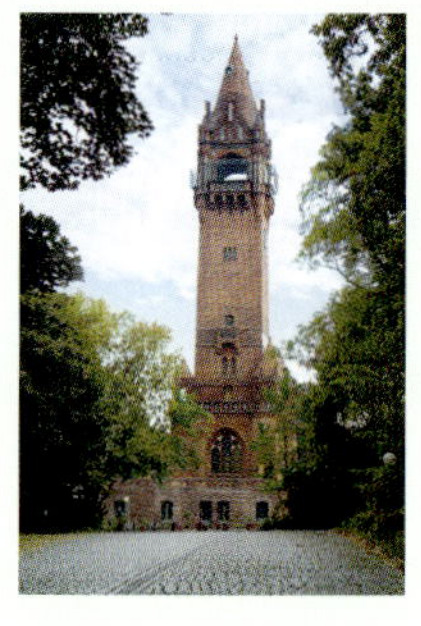

Rund 1,5 Kilometer sind es von der Bucht durch den Wald zum 55 Meter hohen **Grunewaldturm** (mit einer Ausichtsplattform in 36 Meter Höhe) auf dem ***Karlsberg***. *Der im Stil der märkischen Backsteingotik 1897-99 erbaute „König-Wilhelm-Gedächtnisturm" war ein Geschenk des Kreises Teltow zum 100. Geburtstag des Königs.*

Restaurant Grunewaldturm
(030) 417 20 001
tgl. ab 10

km 16,1 (UHW 5,6)

Der Weg auf der sich merklich verengenden Havel führt, vorbei an durch hölzerne Barrieren geschützte Röhricht- und Schilfbestände, auf die versteckt im Grunewald liegende ***Badestelle Kuhhorn*** zu. Neben einem größeren Sandstrand an der DLRG-Station gibt es auch kleinere Buchten mit flachen und sauberen Ufereinstiegen.

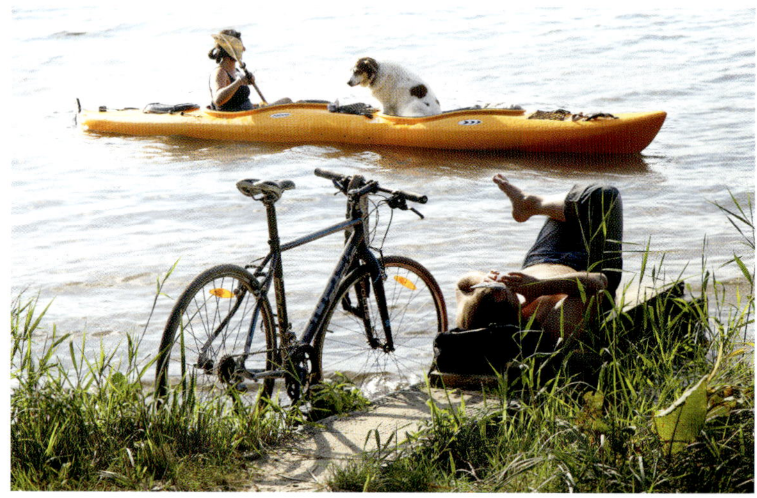

Chillen, grillen, paddeln, radeln – jeder kommt auf seine Kosten.

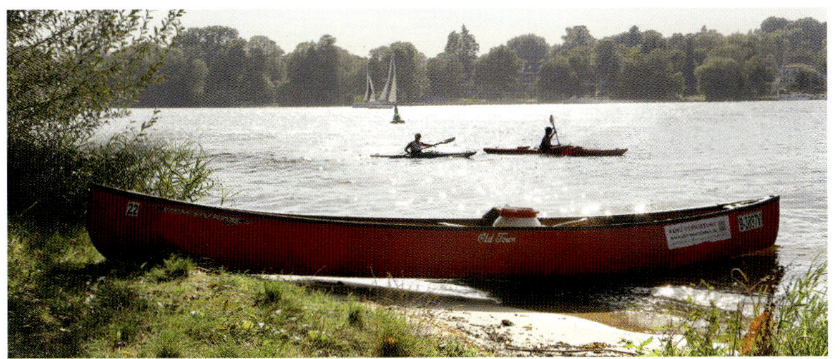

Auf der Landzunge Schildhorn ist man an einem Spätsommernachmittag fast alleine.

km 17,6 (UHW 4,7)

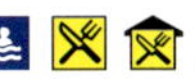

Wirtshaus Schildhorn
(030) 30 88 35 00

Seehotel Grunewald
(030) 300 970-0

Die von einem dichten Röhrichtgürtel umschlossene Landzunge ***Schildhorn*** *verdankt ihren Namen der Sage um den Wendenfürsten Jaxa* und bildet hier eine kleine Bucht – die ***Jürgenlanke***. *Sie, das Schildhorn und das in der Bucht liegende denkmalgeschützte Ensemble* ***„Wirtshaus Schildhorn"****, galten in den 1880er Jahren wegen der attraktiven Lage und der Inbetriebnahme der Wannseebahn 1874 als Lieblingsziel der Berliner Sonntagsausflügler.*

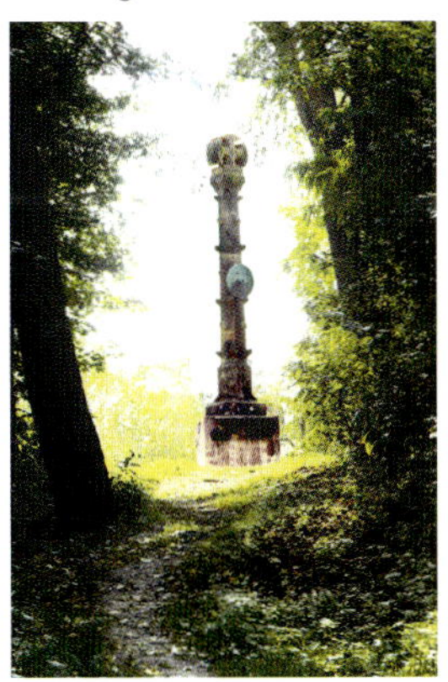

An der Spitze der Landzunge befindet sich eine vielbesuchte ***Badestelle*** mit *der historischen Wasserrettungsstation von 1908. Von ihr aus führt ein Pfad hinauf zum 1845 nach einem Entwurf von August Stüler errichteten* ***Schildhorndenkmal****. Die Säule symbolisiert die Schildhornsage aus dem 19. Jh. um den Slawenfürsten Jaxa von Köpenick, der an dieser Stelle 1157 im Gründungsjahr der Mark Brandenburg vor Albrecht dem Bären durch die Havel geflohen sein soll. Aus Dankbarkeit für seine Rettung habe er sich zum Christentum bekannt und seinen Schild und sein Horn an einen Baum gehängt.*

Abstecher: Von hier aus bietet sich die Weiterfahrt durch den ***Stößensee*** ins ***„Klein-Venedig von Spandau"*** an *(siehe Tour 4), ein von Altarmen der Havel durchzogenes Gebiet mit Feuchtwiesen und Auwaldresten. In das als Gesamtensemble Kolonistensiedlung denkmalgeschützte Dorf Tiefwerder wurden 1816 die ehemaligen Spandauer Kietzfischer umgesiedelt.*

km 20
(UHW 5,6)

Wir aber wechseln in einem großen Bogen, in Ufernähe haltend, ans Westufer der ***Havel*** und passieren bald die ***Villa Lemm***, *die 1907-08 für den Schuhputzmittelfabrikanten Otto Lemm im englischen Landhausstil erbaut wurde. Der Garten verfügt über Terrassenanlagen im italienischen Stil sowie einen Tee- und Uferpavillon. Von 1945-90 wurde sie vom britischen Stadtkommandanten West-Berlins bewohnt. Später war das als Gartendenkmal geschützte Gelände als Residenz des Bundeskanzlers im Gespräch, ist heute aber in Privatbesitz.*

km 20,5
(UHW 6,1)

Kapitän's Kajüte
(030) 369 916 48

Nach Passieren einiger Wassersportvereine besteht im *Hotel „Kapitän's Kajüte" (eigener Bootsanleger)* die Möglichkeit direkt am Wasser zu nächtigen. *Zu Zeiten als die Engländer noch in* **Gatow** *stationiert waren, wurde das Haus vom Britischen Stadtkommandanten oft für "strategische Besprechungen" genutzt. Schräg gegenüber lohnt ein Blick auf die* ***Dorfkirche*** *von Gatow, eine Feldsteinkirche aus dem 14. Jh. (Gemälde „Beweinung Christi" von 1495).*

km 20,9
(UHW 6,5)

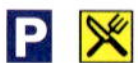 

Kleine Badewiese Gatow
(030) 362 41 98

Hinter der sandigen *Badestelle* erstreckt sich ein einladendes Wiesengelände von dem aus man einen herrlichen Blick hinüber zum Grunewaldturm hat. Ein maritimes *Ausflugslokal* bietet kleine Berliner Küche im Biergarten mit Blick auf die Havel oder im urigen Schankraum. Alternativ gibt es ein Stück oberhalb an der Straße die „Osteria Pizzeria Castelli Romani".
Auf der Strecke bis zum ***„Breitehorn"*** finden sich immer mal wieder Einkehrmöglichkeiten oder Badestellen.

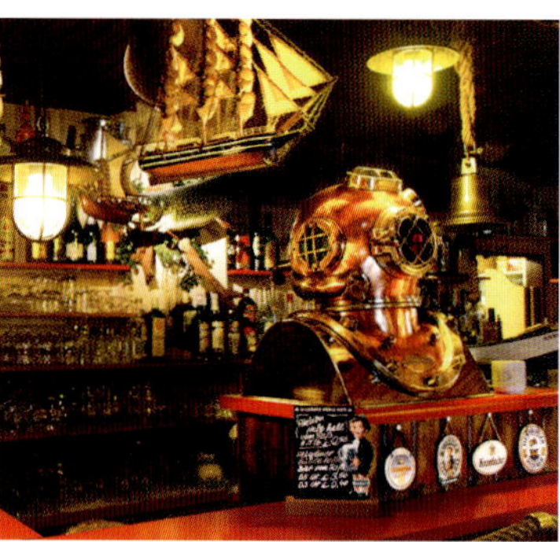

Außen Datschen- und Kleingartenflair – im Schankraum Maritimes.

km 23,1
(UHW 8,7)

Zeltplatz Breitehorn
(030) 365 34 08

Der an einem hübschen Sandstrand gelegene *Campingplatz Breitehorn* bietet sich für einen Abstecher zum 3 Kilometer entfernten ***Luftwaffenmuseum*** auf dem ehemal. **Flugplatz Berlin-Gatow** an, das Exponate von NVA und Bundeswehr zeigt.

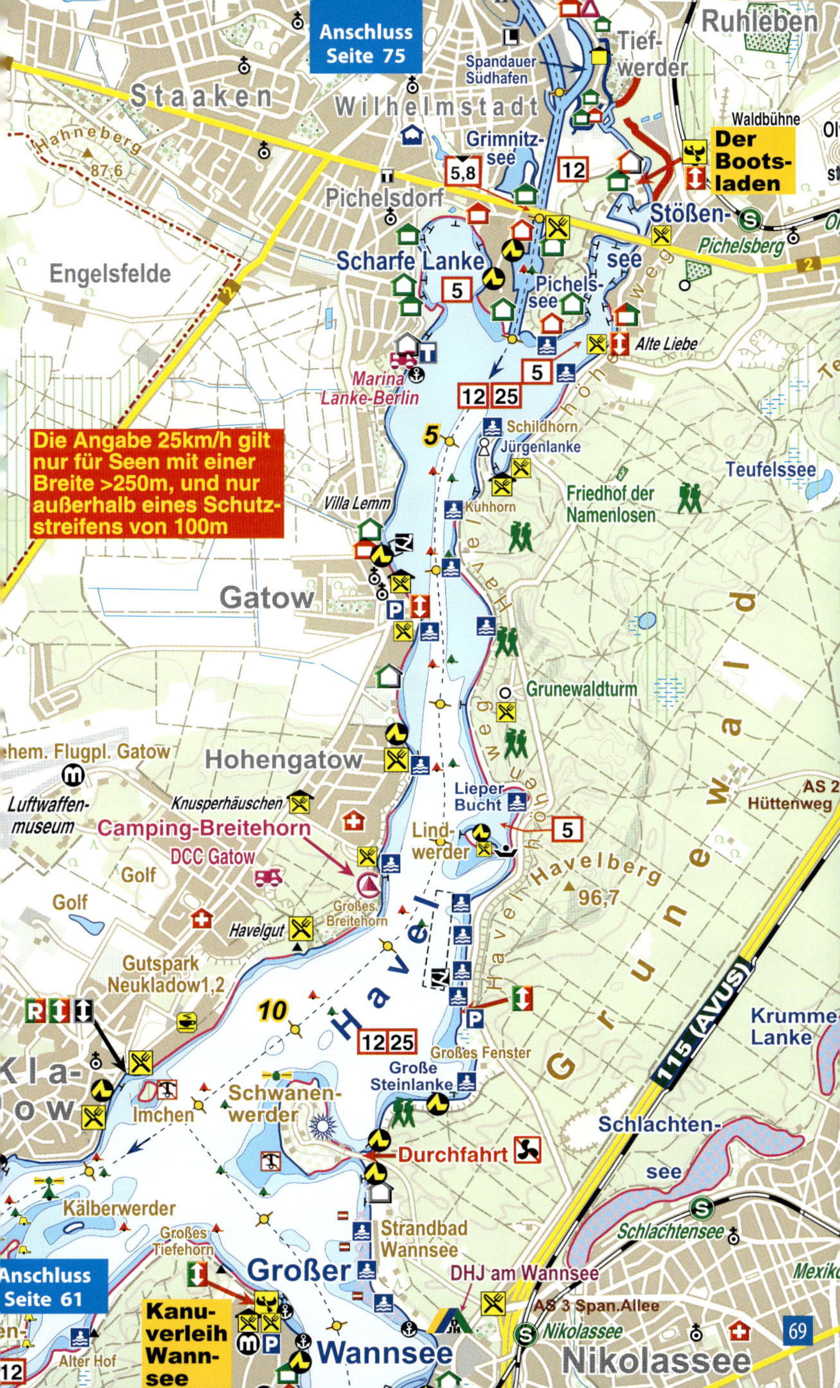

Anschluss Seite 75
Ruhleben
Tiefwerder
Spandauer Südhafen
Staaken
Wilhelmstadt
Hahneberg
87,6
Grimnitzsee
Waldbühne
Der Bootsladen
5,8
12
Pichelsdorf
Stößensee
Pichelsberg
Engelsfelde
Scharfe Lanke
5
Pichelssee
Alte Liebe
Marina Lanke-Berlin
5
12 25
Die Angabe 25km/h gilt nur für Seen mit einer Breite >250m, und nur außerhalb eines Schutzstreifens von 100m
5
Schildhorn
Jürgenlanke
Teufelssee
Villa Lemm
Kuhhorn
Friedhof der Namenlosen
Havelhöhenweg
Gatow
Grunewaldturm
Grunewald
ehem. Flugpl. Gatow
Hohengatow
Luftwaffenmuseum
Knusperhäuschen
Camping-Breitehorn
DCC Gatow
Lieper Bucht
Lindwerder
5
AS 2 Hüttenweg
Golf
Golf
Havelberg
96,7
Großes Breitehorn
Havelgut
Gutspark Neukladow1,2
Havel
10
12 25
Krumme Lanke
Kladow
Großes Fenster
Große Steinlanke
115 (AVUS)
Imchen
Schwanenwerder
Durchfahrt
Schlachtensee
Kälberwerder
Großes Tiefehorn
Strandbad Wannsee
Schlachtensee
Anschluss Seite 61
Großer Wannsee
DHJ am Wannsee
AS 3 Span.Allee
Kanuverleih Wannsee
Nikolassee
Nikolassee
Alter Hof
12

Knusperhäuschen
(030) 365 99 99
Mi-Mo

Vom Campingplatz sind es etwa 800 Meter Fußweg zum *„Knusperhäuschen"* mit preiswerter gut bürgerlicher Küche und günstigen Zimmern.

Havelgut
0157 - 876 547 67

Ein besonderes kulinarisches Erlebnis bietet das ebenfalls rund 800 Meter vom Campingplatz entfernt gelegene ***„Havelgut"***. *„Direkt vom Feld auf den Teller" lautet das Moto der ambitionierten Gewinner des Gastro-Gründerpreises 2015 auf der „Berlin Food Night".*

Vorbei am Deutsch-Britischen Yachtclub geht es zu dem auf einem Plateau oberhalb der Havel gelegenen *Gutspark Neukladow* mit seinem *Kulturpark Café.*

km 25,1 (UHW 10,7)

Kulturpark Café
(030) 234 642 78
Mi-So 10-18

Das an der Havel gelegene Anwesen im idyllischen Landschaftpark wurde um 1800 errichet und war unter seinem späteren Besitzer Johannes Guthmann Treffpunkt der Berliner Gesellschaft. Persönlichkeiten wie Paul Cassirer, Gerhard Hauptmann, Max Liebermann, Walther Rathenau oder Max Reinhardt trafen sich in der Tradition des Salongedankens zu den „Kladower Abenden". Heute werden das unter Denkmalschutz stehende Gebäude und der Park wieder für kulturelle Veranstaltungen genutzt. Ausstellungen, Workshops, Lesungen und Festivals knüpfen an die Tradition zu Beginn des 20. Jahrhunderts an.

km 25,6 (UHW 11,2)

Zwischen der unter Naturschutz stehenden unbewohnten Flussinsel ***Imchen*** *(Anlegen verboten!)* und dem Festland hindurch geht es auf **Kladow** zu. Am flachen Steg rechts neben der Slipanlage oder links neben den Stegen der Hafenanlage *(„Gelbe Welle")* am sandigen Uferstreifen legen wir an. *Nach einem Spaziergang entlang der Villenbebauung in der Imchenallee und der Besichtigung der Dorfkirche, warten einige Gaststätten und Biergärten auf Kundschaft.*

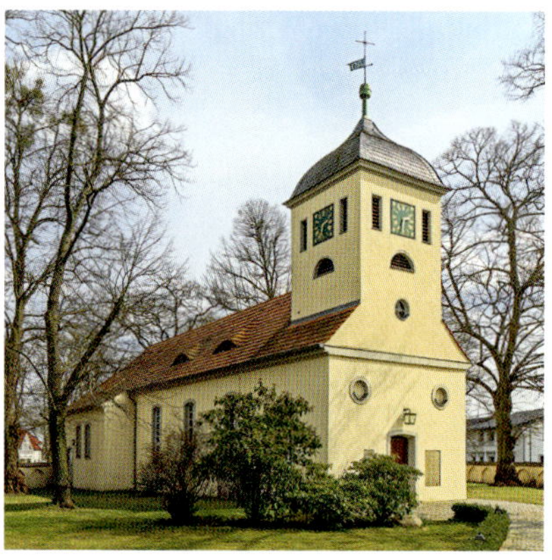

Dorfkirche Kladow – eine der über 50 unter Denkmalschutz stehenden Dorfkirchen Berlins.

Auf Höhe der Insel ***Kälberwerder*** sind wir wieder auf vertrautem Terrain und kehren, die ***Pfaueninsel*** links liegen lassend, nach **Potsdam** zurück.

Von „Klein-Venedig“ über den Tegeler See

Aktivitäten

Natur

Kultur

Baden

Hindernisse

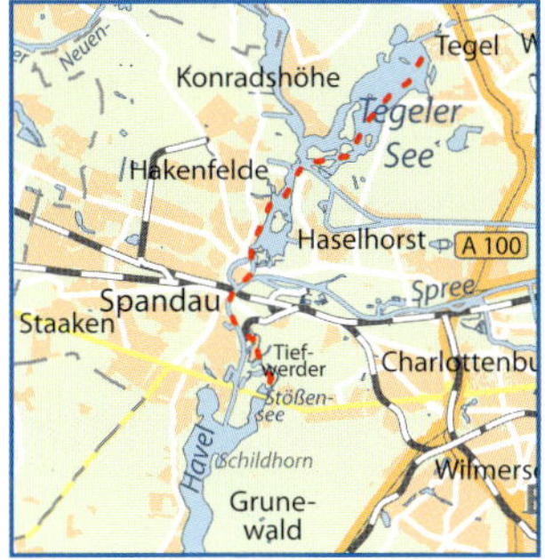

Charakter der Tour

Die kurzweilige Tagestour beginnt auf den schmalen Kanälen von „Klein-Venedig“ im Spandauer Südwesten. Hier, im Landschaftsschutzgebiet „Tiefwerder-Wiesen“, kommen Naturliebhaber voll auf ihre Kosten und dank der geringen Wassertiefe haben Paddler die Idylle (fast) für sich.

Turbulenter kann es auf der folgenden Havel-Passage vom Spandauer Südhafen bis zur eindrucksvollen Zitadelle werden, wenn Frachter und Ausflugsdampfer vorbeistampfen und die Wellen zusätzlich an den Kaimauern zurückgeworfen werden. Am Ende wartet schließlich der idyllische Tegeler See mit insgesamt sieben Inseln. Mehrere Strände sowie das klare Wasser laden zum Baden ein.

Sehenswürdigkeiten

Spandau: *Rathaus* (1911-13). *Spätgotische Backstein-Hallenkirche St. Nikolaikirche. Kath. Kirche „St. Marien am Behnitz“. Gotisches Haus* (15. Jh.) mit Stadtinformation. *Zitadelle* (siehe Seite 78)

Tegel: *Borsig-Villa Reiherwerder* (Gästehaus des Auswärtigen Amtes, nicht zugänglich). *Schloss Tegel* (Elternhaus der Brüder Humboldt, heute Humboldt-Museum im Gutshaus und Familiengrabstätte) 1820-24 nach Plänen Karl Friedrich Schinkels im Stil des Klassizismus umgestaltet. *Stieleiche „Dicke Marie“* (verm. ältester Baum Berlins). *Fachwerkbogenbrücke „Sechserbrücke“. Feuerwehrmuseum Berlin*. Burgähnliches *Werkstor der Borsigwerke* (1837 gegründet und ehem. Europas größter und weltweit zweitgrößter Lokomotivenlieferant).

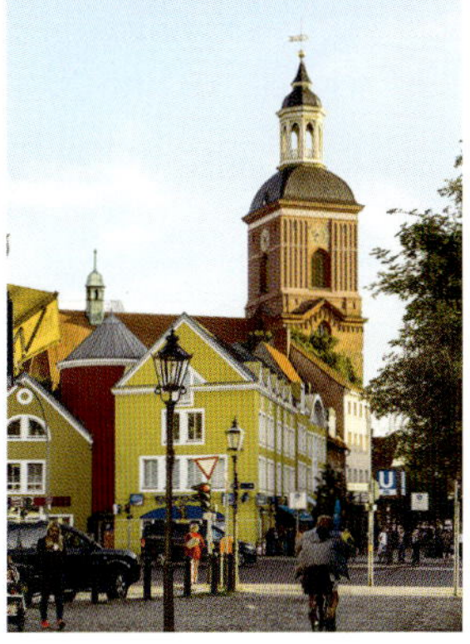

Der Kolk ist das älteste Siedlungsgebiet von Spandau.

Sonstige Aktivitäten

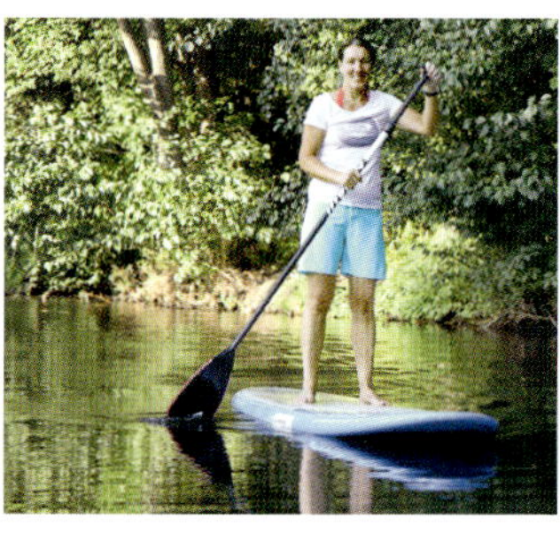

Paddeln

Auf der **Havel Richtung Süden** über Wannsee nach Potsdam oder gen Norden Richtung Oranienburg.

Über die **Spree Richtung Berlin Stadtmitte** / Landwehrkanal (siehe KANU KOMPAKT „Berlin“).

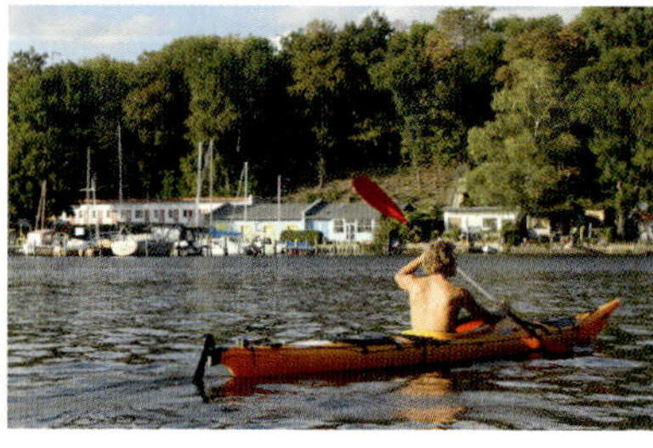

Radfahren

Rundfahrt um den Tegeler See (ca. 21 km).

Radweg entlang des **Berlin-Spandauer Schifffahrtskanals**.

Radtour von Spandau über **Pichelswerder** und **Grunewald** nach Wannsee (ca. 25 km).

Wandern

Im **Tegeler Forst**, im **Grunewald** oder auf Holzbohlen und Wanderwegen durch urige Sümpfe, Wiesen und Moor entlang des **Tegeler Fließ** (eine der schönsten Naturlandschaften Berlins) von Tegel nach Hermsdorf (zurück mit S-Bahn).

Sonstiges

Dampferfahrten über den Tegeler See und auf der Havel (Info: Stern und Kreisschiffahrt Berlin, Tel. (030) 536 36 00), www.sternundkreis.de

Anreise

Pkw: A100, Ausfahrt 6 Spandauer Damm, auf diesem weiter bis Spandau.
ÖPNV: Vom Bahnhof Zoo mit dem Bus M49 zur Haltestelle „Pichelswerder“. Von dort 700 Meter Fußweg den Brandensteinweg hinunter, durch eine Laubenkolonie bis ans Wasser.

Zurück zum PKW

Von der Greenwich Promenade ca. 15 Min. Fußweg zum U-Bhf. Alt-Tegel (Wedding und Messe Nord umsteigen).

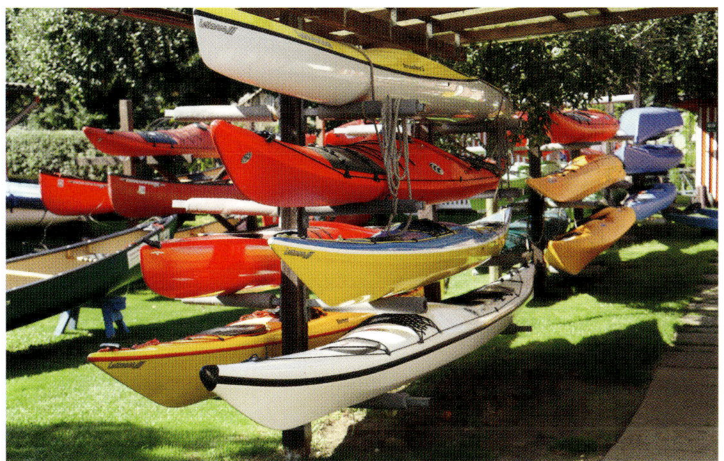

Kanuvermieter *(Adressen in alphabetischer Ortsreihenfolge Seite 93)*

„Der Bootsladen" (Foto oben) in **Tiefwerder, Spandau.**

Tipps für Tagestouren

Rundtour um die Inseln im **Tegeler See** (ca. 12 km).
Rundkurs durch **„Klein-Venedig"** (ca. 3 km).
Rundtour „Klein-Venedig" – Südhafen – Pichelssee – Havel – Stößensee – „Klein-Venedig" (ca. 6 km).

Einsetzstelle:
Kanuvermietung „Der Bootsladen" in Spandau (Tiefwerder) *(Navi: Brandensteinweg 37, 13595 Berlin).*

Alternativ:
Wer im eigenen Boot startet (Parkplätze sind um den Bootsladen herum Mangelware) findet eine gute Einsetzstelle neben dem Steg des Restaurantschiffs „Alte Liebe" am südlichen Ende des Stößensee *(Navi: Havelchaussee 107, ÖPNV: Bus M49 bis Stößenseebrücke, dann 1,2 km Fußweg).*

Aussetzstelle:
Freitreppe am Südende der Greenwichpromenade in Tegel *(Navi: Borsigdamm)*

Tourenlänge: ca. 13 km

Tourenlänge ab Restaurantschiff „Alte Liebe": 14,5 km.

Dauer: ca. 4 Stunden

Umtragestellen:
ca. 100 Meter Portage an der Bootsschleppe neben der Spandauer Schleuse.

Ein guter Ausgangspunkt für Paddler ohne eigenes Boot ist die kompetente *Kanuvermietung „Der Bootsladen"* von Axel Sauer auf dem Gelände des Wassersportheims ***Stößensee*** in **Spandau Tiefwerder**. Er ist mit dem Bus M 49 zu erreichen, der ab Zoologischer Garten über Kant- und Heerstraße verkehrt. Die Boote sind gut in Schuss und der freundliche Inhaber erklärt Neulingen die richtige Paddeltechnik und gibt Tipps für die Tour.

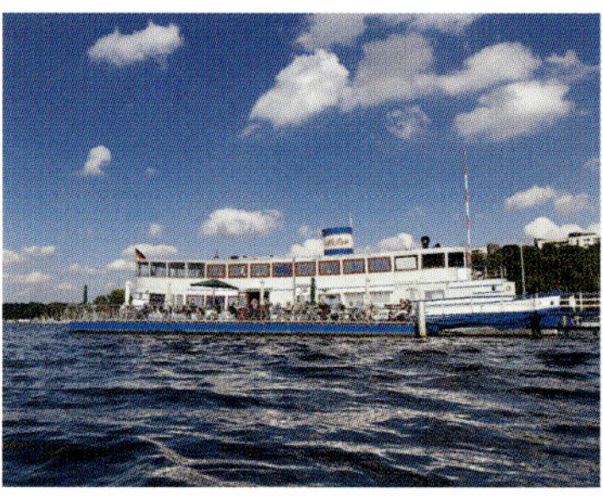

Alternativer Startpunkt, 1,2 km südlich: beim Restaurantschiff „Alte Liebe".

km 0

Der Bootsladen
(030) 362 56 85

Nach dem Ablegen am *„Bootsladen"* geht es auf dem ***Hauptgraben*** in nördliche Richtung. An der ersten Gabelung ist der links abzweigende Arm als Sackgasse ausgeschildert und sich rechts haltend, wird schnell klar, warum die östlich der Spandauer Wilhelmstadt gelegene ***Wochenendsiedlung*** **„Tiefwerder Wiesen"** gerne auch als ***„Klein-Venedig"*** bezeichnet wird. Auf den Wassergrundstücken liegen Kanus für eine Spritztour bereit, am Ufer sind kleine Motorboote vertäut. Größeren Booten bleibt der Zugang aufgrund der geringen Wassertiefe verwehrt und so können wir Paddler gemütlich durch die Wiesenlandschaft der Havel-Altarme treiben. Mal neigen sich am Ufer die Weiden tief ins Wasser, mal raschelt dort das Röhricht. Hier lockt ein Schild zum Kauf von selbstgemachtem Honig, dort qualmt ein Räucherofen vor sich hin. Vor jeder Hütte steht eine Sitzbank und mitunter stellt sich das Gefühl ein, direkt durch die Gärten zu paddeln.

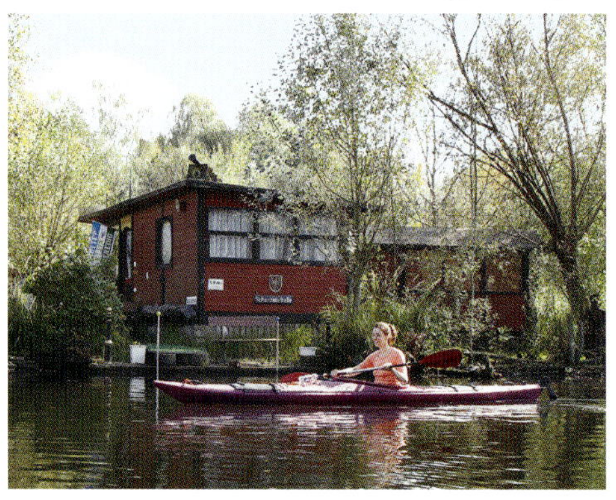

Schon in den 1920er Jahren entstand „Klein-Venedig".

Am ***Faulen See***, dem Überbleibsel eines Havelaltarms, wo sich bis ins 13.Jh. eine frühslawische Siedlung befand, treffen mehrere Wasserläufe zusammen. Wir paddeln über den ***Großen Jürgengraben*** weiter nach Norden.

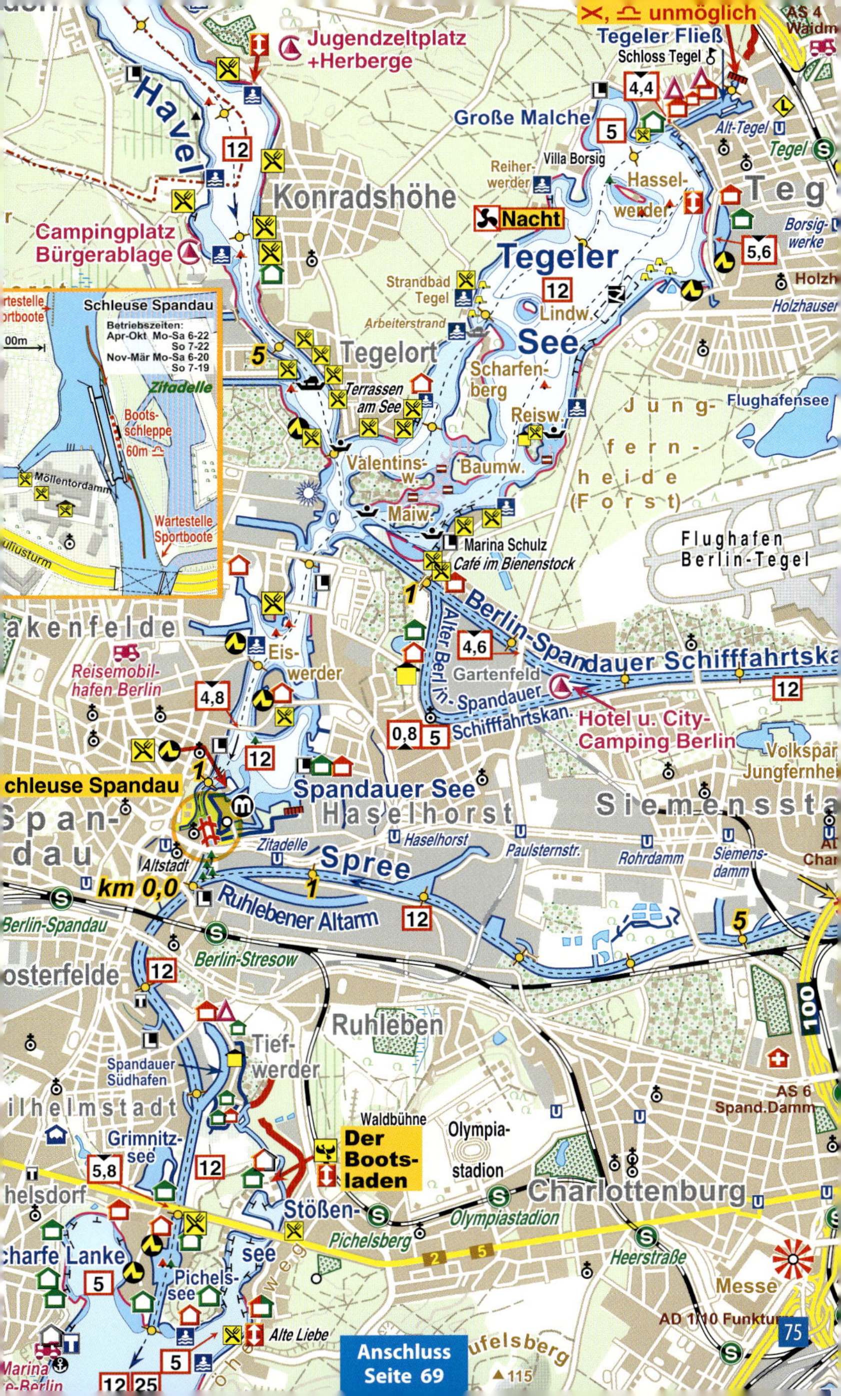

Anschluss Seite 69

km 1,4 Am linken Ufer weist ein Schild auf die an der Dorfstraße liegende **Pension Tiefwerder** hin. *Ein großer Teil der historischen Häuser entlang der Dorfstraße ist erhalten und steht unter Denkmalschutz. Auf der gegenüberliegenden Seite der Dorfstraße ist das* ***„Ballhaus Spandau"*** *zu finden, ein aus dem Jahre 1895 stammendes Haus, das schon in den frühen 1920er Jahren als Ballhaus diente. Später gehörte es zu den ältesten Diskotheken weltweit und ist heute bei Hardrock- und Heavy Metal-Fans beliebt.*

Pension Tiefwerder
(030) 330 02 60

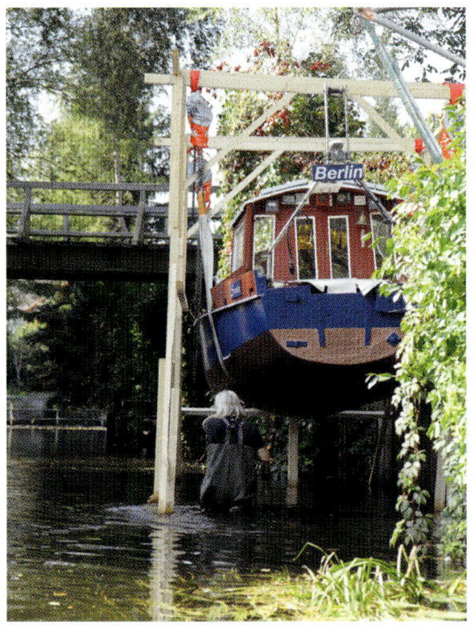

Tiefwerder war einst Fischerdorf.

km 1,6 Kurz hinter dem Pensionsgrundstück erreichen die Bootsspitzen unter der Tiefwerder Brücke hindurch den ***Spandauer Südhafen***.

Kajak-Club Albatros
(030) 332 51 52

Das Bild ändert sich schlagartig und statt Gartenlauben und grüner Idylle dominieren jetzt Spundwände, große Lagerhallen und graue Verladekräne die Ufer. Ganz rechts in der Hafenspitze liegt das Vereinsgelände des **Kajak-Club Albatros** *(DKV Kanustation).*

„Klein Vendig" ist ein Idyll aus Gärten, Lauben, Wiesen und einer vielfältigen Tier- und Pflanzenwelt.

Wir halten uns links und die Polotore vor dem Bootshaus der Vereinigung Märkischer Wanderpaddler künden vom Ende des Hafengeländes. Davor könnte man links in den ***Kleinen Jürgengraben*** fahren, um so den Rundkurs durch „Klein-Venedig" zu beenden.

Für die Fortsetzung der Tour Richtung Tegel biegt man nach rechts in die ***Havel*** ein.

km 2 (UHW 2)

Nach der Durchfahrt unter der Schulenburgbrücke wird das linke Ufer zusehends urbaner. Hinter der S-Bahnbrücke erhebt sich am linken Ufer der Turm des ***Spandauer Rathauses*** über die Dächer der Altstadt. *Das mächtige, über 100 Meter lange Gebäude, wurde 1911-13 errichtet, als Spandau noch eine eigenständige Stadt war. Seit 1920 gehört man zwar zu Berlin, was aber dem „Wir-Gefühl" keinen Abbruch getan hat und noch heute sieht man sich eher als Spandauer denn als Berliner.*

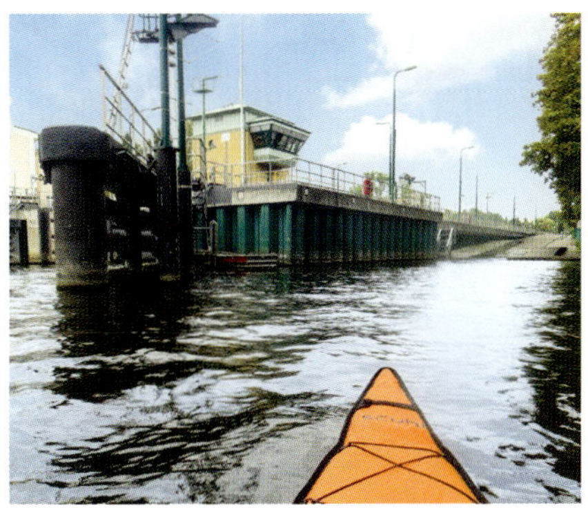

Den abzweigenden Kanal um die ***Spandauer Altstadt*** lassen wir links liegen, eine Weiterfahrt ist dort nicht möglich.

Hinter der nächsten Straßenbrücke ist die ***Spreemündung*** in die ***Havel*** erreicht. Der ***Spree*** folgend, würde man, vorbei am Schloss und Schlosspark Charlottenburg, zum ***Landwehrkanal*** kommen *(siehe KANU KOMPAKT „Berlin")*.

km 4 (HOW 0)

Wir folgen jedoch der Havel nach links zur *Schleuse Spandau*. Dort finden wir rechts die *Bootsschleppe* mit einer komfortablen Lorenbahn zum problemlosen Umsetzen.

km 4,5 (HOW 0,5)

Schleuse Spandau
Bootsschleppe
60 m umtragen
(030) 33 08 05 20
UKW: 23

Rechter Hand kann man zwischen den Bäumen die Ziegelmauern der ***Spandauer Zitadelle*** sehen und wer möchte, kann sogar in den ***Zitadellengraben*** einfahren und direkt an den Bastionen „Kronprinz" und „König" vorbeipaddeln, die aus der Linie des Festungswalls hervorspringen und deren Aufgabe es war, den Raum unmittelbar vor dem Wall unter Feuer nehmen zu können.

Einmal rundherum kommt man aber nicht, denn an der Torbrücke ist Schluss. Anlegen kann man ein Stück hinter der Schleuse, rechts am sandigen Ufer beim Gelände der „Wasserfreunde Spandau 04" (im Gasthaus fragen, ob man sein Kanu liegen lassen kann). Von hier ist es ein knapper Kilometer Fußweg zum Eingang der Festung.

km 5,1 (HOW 0,5)

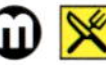

Zitadelle Seite 78

Blick auf die Zitadelle Spandau

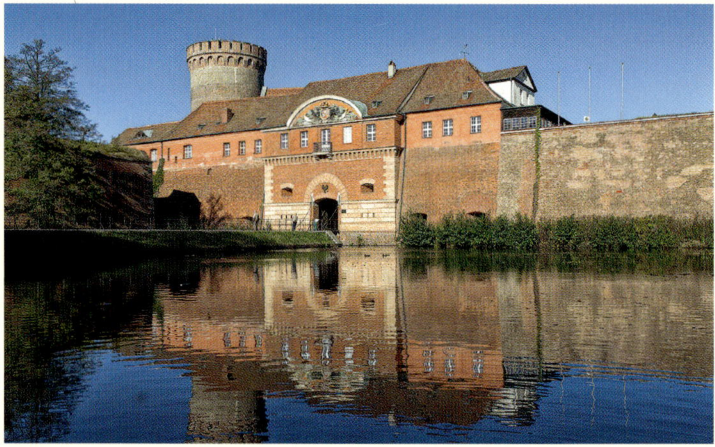

Die Festung aus dem 16. Jh. wird ringsum von einem Wassergraben umgeben und gilt weltweit als eine der bedeutendsten und besterhaltenen Festungen der Hochrenaissance-Zeit. Den Ursprung bildete eine slawische Burganlage an der Mündung der Spree in die Havel, die mit der Machtübernahme der Askanier im 12 Jh. zu einer Festung aus Stein ausgebaut wurde. Ihr heutiges Aussehen mit dem quadratischem Grundriss und den spitzwinklig zulaufenden Bastionen in allen vier Ecken erhielt sie durch Umbauten 1560-94, um Berlin gegen die Expansion des osmanischen Reichs gen Westen zu schützen. 1806 und 1945 wurde die Festung kampflos aufgegeben, wirklich erobert wurde sie im Laufe der Geschichte nur 1813, und zwar von den Preußen selbst, die mit russischer Unterstützung Napoleons Truppen aus Spandau vertrieben. In den 1960er Jahren wurde die Zitadelle mehrmals als Kulisse für Filmaufnahmen genutzt, u.a. für Edgar-Wallace-Filme. Der Fledermauskeller ist eines der wichtigsten Winterquartiere für Fledermäuse in Europa. In einem Schaugehege sind auf 300 qm Nilflughunde und Brillenblattnasen zu sehen (Führungen). Einmal jährlich organisiert der NABU ein Fledermausfest.

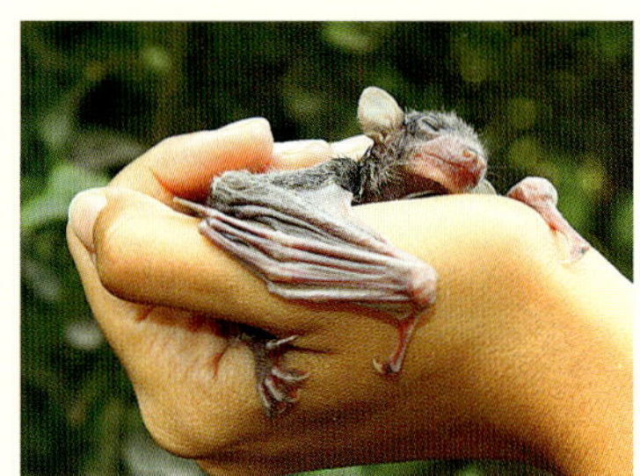

Öffnungszeiten: Täglich 10-17, Eintritt (Zitadelle, Museen, Juliusturm und Ausstellungen) 4,50 € / 2,50 €, Familienkarte 10 € (bei Veranstaltungen abweichende Eintrittspreise).

Führungen ohne Anmeldung (Treffpunkt am Torhaus der Zitadelle), 17. Mär-Okt Sa-So 11, 13, 15, 3 € / 2 €.

Information: Am Juliusturm 64, 13599 Berlin, Tel. (030) 354 94 40, www.zitadelle-spandau.de

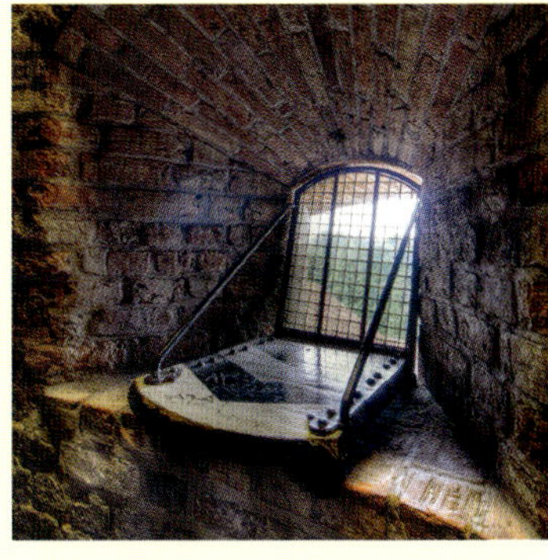

① ***Kommandantenhaus.*** Eingang, Kasse und ständige Ausstellung zur Geschichte von Burg und Zitadelle.

② ***Juliusturm.*** 30 Meter hoher Bergfried aus dem frühen 13. Jh., heute Aussichtsturm.

③ ***Palas.*** Gotischer Saalbau aus dem 15. Jh., einst das eigentliche Wohngebäude der Burg.

④ ***Haus 4.*** Unter den Nazis 1935 für die „Heeresgasschutzlaboratorien" errichtet, um die tödliche Wirkung chemischer Kampfstoffe weiter zu entwickeln, beherbergt heute Künstler- und Kunsthandwerker-Ateliers, ein Puppentheater sowie ein Fledermausschaugehege.
Theater Zitadelle, Tel. (030) 335 37 94, www.theater-zitadelle.de
Fledermauskeller, Tel. (030) 36 75 00 61, tgl. 12-17, www.bat-ev.de

⑤ ***Kanonenturm (um 1700) auf der Bastion „Kronprinz".*** Kunstausstellungen und Jugendkunstschule.

⑥ ***Innenhof.*** Veranstaltungsort für Märkte, Feste und Open-Air-Konzerte mit Bands von Björk bis ZZ Top. Im Sommer „Citadel Music Festival" mit bis zu 25 Rock-Konzerten. www.citadel-music-festival.de

⑦ ***Ehemalige Kaserne.*** (19. Jh.).

⑧ ***Ehemaliges Proviantmagazin.*** (16. Jh). Ausstellung „Enthüllt. Berlin und seine Denkmäler".

⑨ ***Ehemalige Exerzierhalle.*** Kanonenausstellung.

⑩ ***Zeughaus.*** Ehemaliges Lagerhaus für Kanonen und Uniformen, seit 1992 Sitz des Stadtgeschichtlichen Museums Spandau.

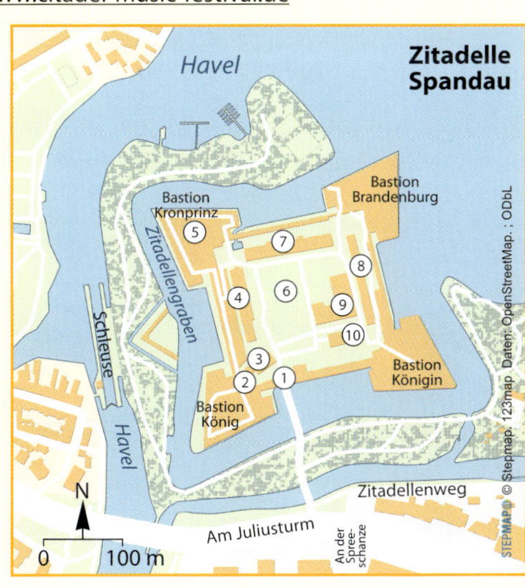

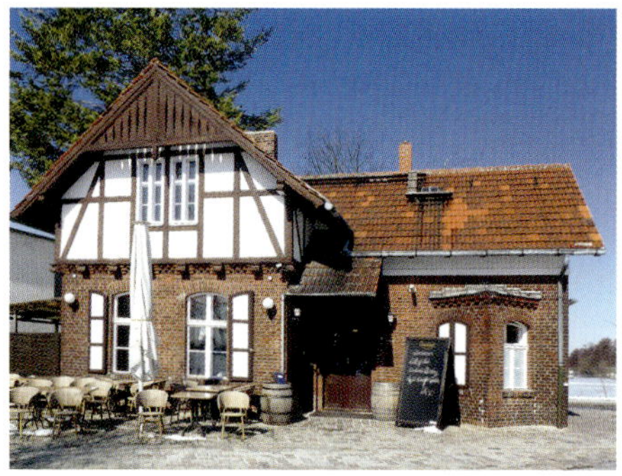

Frischer Fisch, heimisches Wild, regionale Gerichte – Restaurant „Stilbruch".

Voraus öffnet sich der ***Spandauer See*** und wir halten aufs Ostufer der Insel ***Eiswerder*** zu. *Im 19. Jh. entwickelte sie sich zu einem wichtigen Militärstandort mit Rüstungsfabriken aus dem nach dem 2.Weltkrieg ein Gewerbegebiet mit Industrieanlagen hervorging. Im Zuge der Wiedervereinigung sollte rund um die Insel Eiswerder der neue Stadtteil „Wasserstadt Oberhavel" entstehen. Schon bald korrigierte man das Ziel vom Wohnraum für rund 50.000 Einwohner nach unten, da Interessenten ausblieben – das Vorhaben drohte zum Millionengrab zu werden.* Erst jüngst entwickelt sich **Eiswerder** zu einem attraktiven Wohngebiet und in historischen Fabrikgebäuden entstehen neue Lofts.

km 6

Restaurant „Stilbruch"
(030) 33 50 55 80

Direkt vor der Brücke die das Festland mit der Insel verbindet lädt die Sommerterrasse des **Restaurants „Stilbruch"** ein. „Klein, aber fein" lautet das Motto des in einem charmanten, ehemaligen Stellwärter-Fachwerkhaus untergebrachten Restaurants, das sich mit ambitionierter Küche einen Namen in der Szene gemacht hat.

km 6,8

Vor der Spandauer-See-Brücke mit ihren wuchtigen Pfeilern liegt die Insel ***Kleiner Wall.*** Das 88 Meter lange und 45 Meter breite Eiland ist nur auf dem Wasserweg zu erreichen und im Volksmund besser bekannt als „Liebesinsel". *Im ausgehenden 19. Jh. diente sie militärischen Zwecken und wurde von den Soldaten wohl auch als „Liebesnest" genutzt. Dies führte zum Spitznamen des inzwischen geschlossenen legendären Lokals „Zur Liebesinsel".*

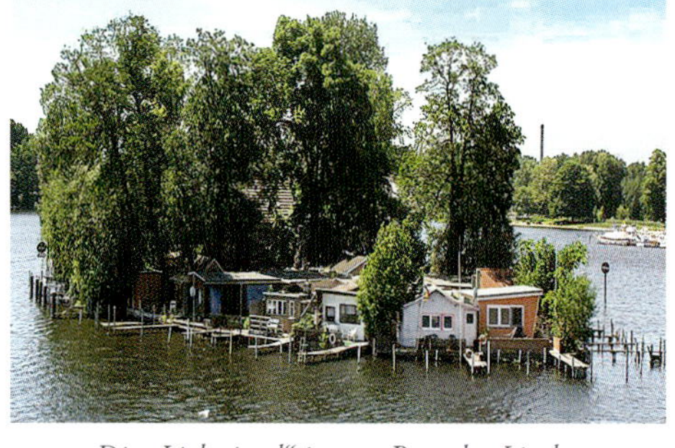

Die „Liebesinsel" ist von Pappeln, Linden und Kastanien bestanden.

Hinter der Wasserstadtbrücke liegen voraus die Insel ***Großer Wall*** und die ***Wasserstraßenkreuzung Haveleck***. Von rechts trifft der aus dem ehemaligen ***Hohenzollernkanal*** hervorgegangene ***Berlin-Spandauer-Schifffahrtskanal*** auf die ***Havel*** und ein Wegweiser zeigt an, dass es 18,5 km bis Berlin-Mitte sind. *DKV-Mitglieder* die eine feste Übernachtungsmöglichkeit suchen, können hinter der Brücke über den Kanal rechts in den ***„Alter Berlin-Spandauer Schifffahrtskanal"*** abbiegen und finden nach etwa 500 Meter die DKV-Station des *„Kanuclub Zugvogel Berlin"*.

km 7,5 (HOW 3,5)

Kanuclub Zugvogel Berlin
0171-282 72 37

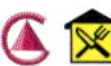

Hotel & City-Camping Berlin
(030) 335 036 33

Noch eine Möglichkeit zu nächtigen besteht nach zwei weiteren Wasserkilometern beim, auf der Spitze der ***Halbinsel Gartenfeld*** gelegenen, *„Hotel & City-Camping Berlin"*.

Für die Fortsetzung der Tour lassen wir den Kanal rechts liegen und wählen halbrechts die Durchfahrt in den ***Tegeler See***, einer seenartigen Ausbuchtung der Havel, oder folgen der Havel noch ein Stück weiter geradeaus. *Mit einer Länge von gut vier Kilometern und einer Fläche von etwa 400 Hektar ist der See nach dem Müggelsee der zweitgrößte Berlins.* Den besonderen Reiz machen die sieben, nur auf dem Wasserweg *(per Fähre oder eigenem Boot)* zu erreichenden, Inseln im südlichen Teil aus. Da die Durchfahrt zwischen den Inseln ***Valentinswerder***, ***Maienwerder***, ***Baumwerder*** und ***Scharfenberg*** verboten ist, gibt es für den weiteren Routenverlauf zwei Varianten.

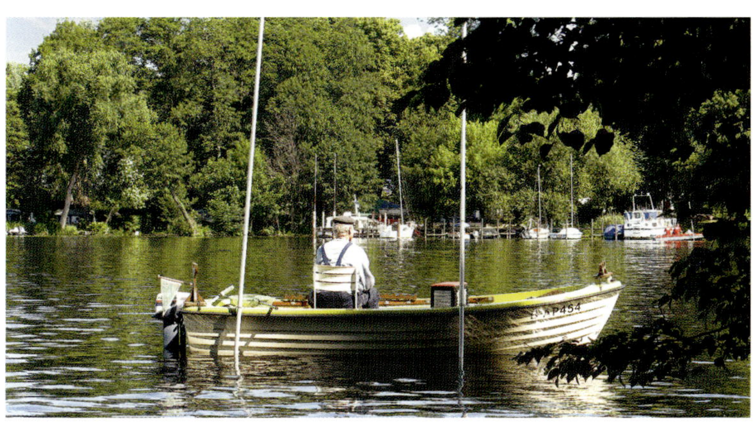

„Anglerglück" an der Südspitze von Valentinswerder.

Variante 1 - Ostufer Tegeler See

Um die Tour entlang des östlichen Seeufers fortzusetzen, werden die Inseln im Süden umfahren. Man richtet die Bootsspitze an der ***Wasserstraßenkreuzung Haveleck*** hinter dem ***Berlin-Spandauer-Schifffahrtskanal*** nach rechts zwischen der ***Insel Maienwerder*** und der ***Kleinen Malche*** *(Laichschongebiet, Einfahrtverbot)* hindurch.
Maienwerder ist die südlichste der sieben Inseln im Tegeler See. Das 440 Meter lange und bis zu 220 Meter breite Eiland beherbergt eine Kleingartenkolonie. Da es Privatgelände ist, sind Besucher nicht gerne gesehen.

km 8,5

Wirtshaus Saatwinkel
(030) 334 38 18
Di Ruhetag

Café im Bienenstock
(030) 65 82 70 70

Gegenüber von ***Maienwerder*** folgt am Festlandufer ein Wassersportverein auf den nächsten und zwischen den Segel- und Angelbooten versteckt sich der Anleger der Fähre, die zwischen **Saatwinkel**, **Valentinswerder** und **Tegelort** verkehrt.
Von hier führt ein schmaler Durchgang vorbei am Bootshaus Marina Schulz zur Straße, auf der man rechts erst einen Imbiss und dann das *„Wirtshaus Saatwinkel"* sowie das *„Café im Bienenstock"* erreicht *(ca. 300 Meter vom Anleger). Das im alten Forsthaus der Revierförsterei Tegel-Süd untergebrachte Integrationscafé serviert neben leckerem Kuchen selbstgemachtes Bio-Eis, das mit Honig aus der eigenen Imkerei zubereitet wird.*

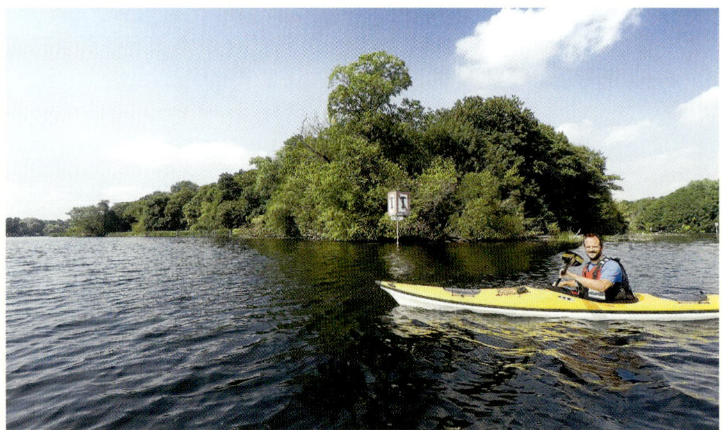

Baumwerder ist eine von insgesamt sieben Inseln im Tegeler See.

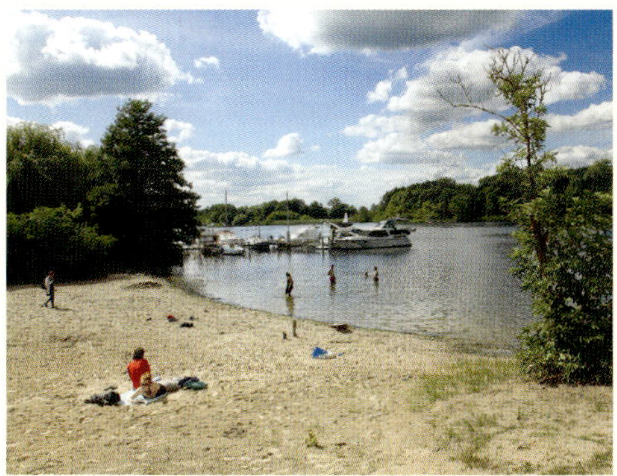

Zurück auf dem See steuern wir die Boote weiter zwischen Festland und den Inseln gen Norden und passieren als nächstes die Insel ***Baumwerder***. *Sie wurde 1777 wie auch die benachbarte Insel Scharfenberg von der Familie von Humboldt erworben, 1867 kaufte der Botaniker Carl August Bolle die Inseln.* Da Baumwerder ausschließlich der Trinkwassergewinnung dient, darf die Insel nicht betreten werden.

km 9 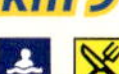

Am Ende der Bootsanleger liegt rechts am Festlandufer der reizvolle Sandstrand der *Badestelle Saatwinkel*. Falls der Magen knurrt, kann man sich nebenan beim *Imbiss „Seeblick"* mit Bock-, Bratwurst oder Pizza verköstigen. Der etwa 100 Meter entfernt liegende Zeltplatz nimmt keine Einzelpersonen sondern nur Gruppen nach Anmeldung auf.

km 10 

Die nächste Badestelle liegt Luftlinie nur 800 Meter entfernt. Da Schilder die direkte Durchfahrt zwischen ***Reiswerder*** und dem Festland verbieten, lenken wir die Bootsspitze links um die Insel herum und stehen auf der Inselrückseite vor der Wahl, ob wir den breiten, von alten Eichen eingerahmten *Badestrand* am Festland ansteuern oder dem Eiland einen Besuch abstatten. Zwischen Badestelle und Insel verkehrt im Sommer eine *Fähre* und ein Stück hinter dem Fähranleger finden wir einen Steg für den Landgang.

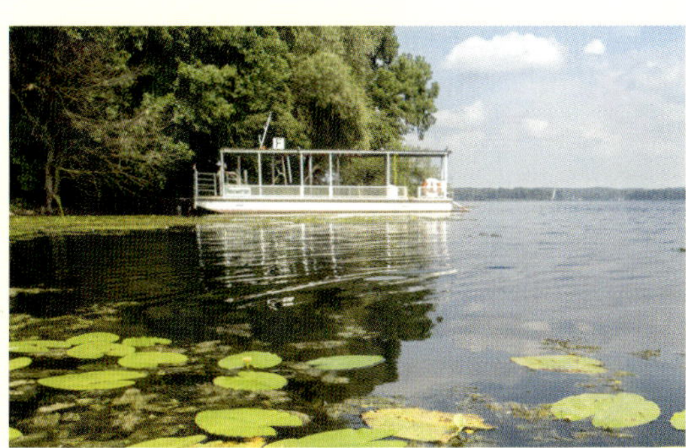

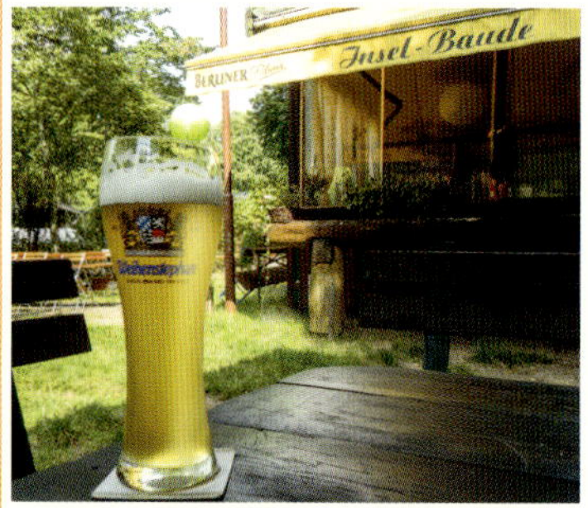

*Die Insel **Reiswerder** ist an den Verein der „Naturfreunde von Baumwerder Reiswerder" verpachtet, dessen Mitglieder die Insel als Sommersitz oder Wochenendflucht nutzen. Der Vereinsname erinnert an die Gründungszeit vor über 100 Jahren auf der benachbarten Insel Baumwerder. Als die Wasserwerke die Insel 1943 für sich beanspruchten, mussten die Naturfreunde samt Hütten 1946 nach Reiswerder umsiedeln.*

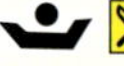

Inselbaude auf Reiswerder
Di-Do 11-Sonnen-untergang
(letzte Fähre)
Fr,Sa 10-24
So 10-Sonnen-untergang
(letzte Fähre)

Fließendes Wasser gibt es bis heute nicht und die Wasserversorgung erfolgt über auf der Insel verteilte Brunnen. Vom Fähranleger sind es nur wenige Schritte bis zur ***„Inselbaude"***, die kleine Gerichte serviert, und dem Festplatz der Insel mit dem „Rathaus", in dem die Insulaner ihre Sitzungen abhalten. Besucher sind gern gesehen, aber nicht als Badegäste. Die kleine Badestelle ist Vereinsmitgliedern vorbehalten.

Museumslaube
0179-902 48 55

Ab 2016 soll die restaurierte ***Museumslaube*** auf ***Reiswerder*** Paddlern bei freier Kapazität zur Verfügung stehen. Infos über Stephanie Jakobs *(sebastianundsteffi@googlemail.com)* oder telefonisch.

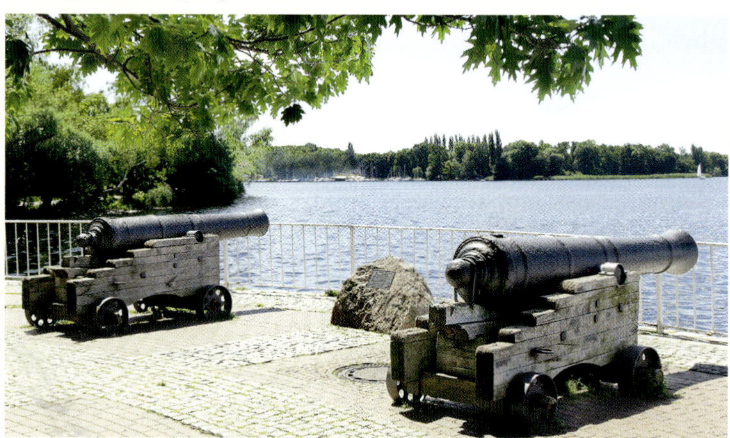

Die beiden gusseisernen Kanonen aus dem 18. Jahrhundert erhielt Tegel 1983 von der englischen Partnerstadt Greenwich.

Am Horizont tauchen die Häuser an der Greenwichpromenade in **Tegel** auf. Bei der Weiterfahrt halten wir Abstand zur ausgetonnten Wasserskistrecke und passieren bald die Einfahrt in den ***Borsighafen***. *Hier, weit außerhalb des Zentrums, auf dem Gelände der Tegeler Borsigwerke, entstand 1922 das erste Berliner Hochhaus. 1827 von August Borsig gegründet, entwickelte sich die Firma schnell zu Europas größtem Lokomotivenhersteller. Der Turm wurde in den 1970er Jahren renoviert und dient heute als Bürogebäude, die Werkhallen wurden zur Einkaufspassage umgebaut.*

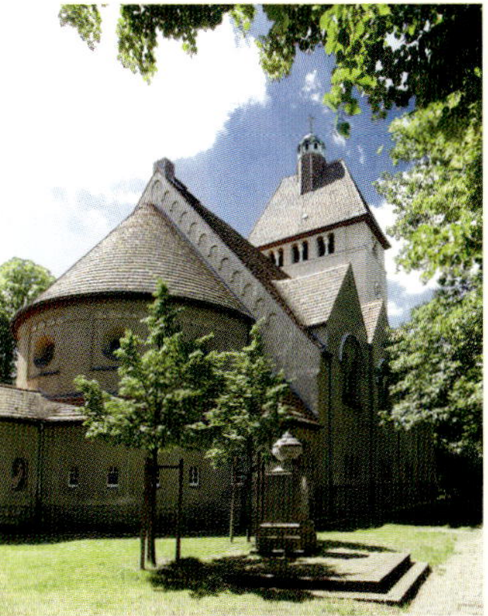

Die Dorfkirche Alt-Tegel wurde 1911 erbaut.

km 12,5

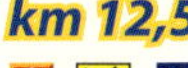
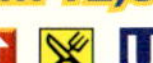
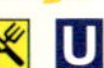

Restaurant „Fisherman's"
(030) 43 74 64 70
tgl. ab 12

Ein Stück weiter finden wir mit der großen Freitreppe am Südende der Greenwichpromenade einen guten Ort, um die Tour zu beenden.
Die breiten Stufen sind aufgrund der Hinterlassenschaften zahlreicher Wasservögel zwar rutschig, sonst aber perfekt zum Aussteigen geeignet. Wer nach der Fahrt Hunger verspürt, findet ein paar Schritte weiter das wegen seiner leckeren Fischgerichte vielgelobte *Restaurant „Fisherman's"* und der ***U-Bahnhof Tegel*** ist nah, so dass man schnell mit Bus und Bahn zum Ausgangspunkt in Spandau zurückkehren kann.

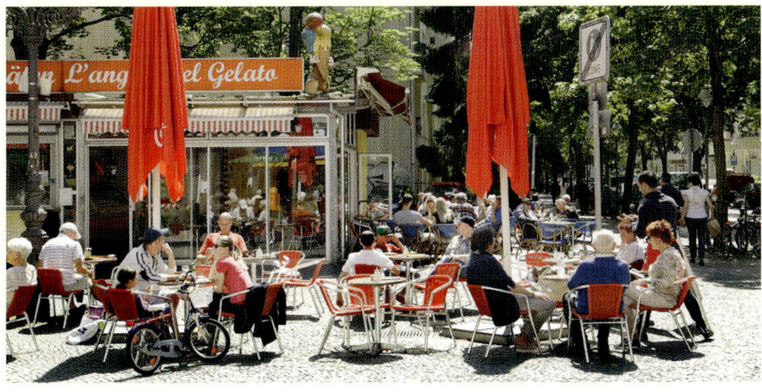

Variante 2 - Westufer Tegeler See

Die zweite Streckenvariante über den Tegeler See führt nördlich der Inseln am Westufer entlang. Man paddelt vom Haveleck zunächst noch ein Stück auf der Havel weiter in nördliche Richtung zur Insel ***Valentinswerder***, der zweitgrößten Insel im Tegeler See und Berlins einzig richtig bewohntem Eiland.

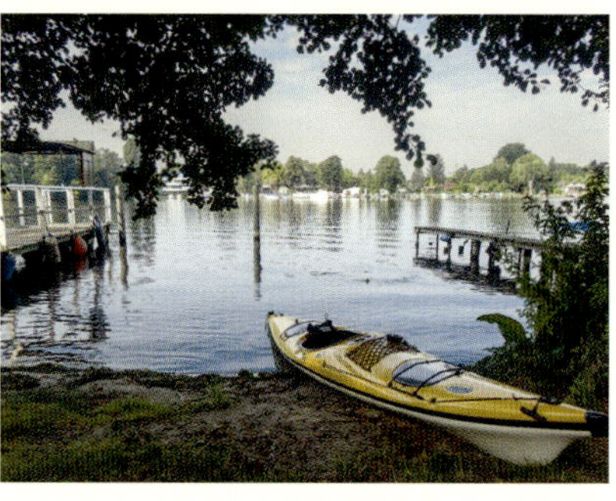

km 8 Eine Anlandestelle für den lohnenden **Spaziergang** über die malerische Insel findet sich neben dem Fähranleger in der nordwestlichen Insel-Ecke.

1874 erwarb der Bauunternehmer Paul Haberkern das 13 Hektar große Eiland und ließ eine Villenkolonie und einen Park samt weiten Alleen anlegen. Sogar Cafés gab es – Valentinswerder war eines der beliebtesten Ausflugsziele der alten Reichshauptstadt. Mit der Zeit wurde die Insel überwuchert und durch den Bau von Gartenlauben zerstückelt.

Die Villen, die noch im 19. Jh. entstanden waren, fielen dem 2. Weltkrieg zum Opfer. Während der alliierten Luftangriffe leuchtete man die Insel so aus, dass die Bomberpiloten die nahen Borsigwerke unter sich zu haben glaubten – sie lösten ihre tödliche Fracht über der Insel aus.

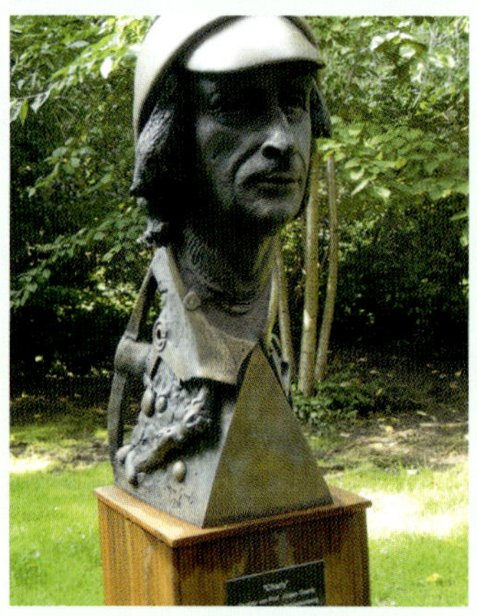

Als Werner Haberkern Mitte der 1990er Jahre das Erbe seines Urgroßvaters antritt, lässt er die alten Alleen wieder herstellen.

Vom Fähranleger führt ein Weg bis zur nächsten größeren Wegkreuzung. Sich rechts haltend erreicht man, vorbei an schönen Grundstücken, das Rondell, wo Sitzbänke zum Verweilen einladen. Von hier zweigen Wege in alle Himmelsrichtungen ab. Der Weg nach Norden führt ans Ufer und weiter zur schmalsten Stelle der Insel und auf dem südlichen Rundweg zurück zum Ausgangspunkt.

Der Großteil der Insel ist verpachtet, besonders Künstler, Architekten, Medienleute und andere Kreative entdecken die Insel. Heute versorgt ein Unterwasserkabel die rund 100 Häuschen mit Strom. Meist sind es nur Teilzeit-Robinsons, die im Sommer oder am Wochenende kommen. Nur der Inselwart und ein paar Bewohner sind das ganze Jahr über auf Valentinswerder anzutreffen.

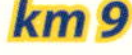

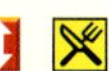

Terrassen am See
(030) 53 08 44 24
Mo-Fr 12-21, Sa,So 11-21

Bei der Weiterfahrt schweift der Blick nach rechts über die Inseln ***Scharfenberg*** und ***Baumwerder*** und vom Festland grüßen die Häuser **Tegelorts**, wo am Waldrand hinter den letzten Häusern die *„Terrassen am See"* zur Pause einladen. Anlegen lässt sich an der kleinen, wilden Badebucht dahinter. Das Lokal wird seinem Namen mehr als gerecht – man kann sich gar nicht sattsehen am weiten Blick über die idyllische Seenlandschaft mit den vorgelagerten Inseln. Wenn nicht gerade Trommeln eines Drachenboots übers Wasser schallen oder „Moby Dick" oder ein anderer Ausflugsdampfer vorüberfährt, wähnt man sich fernab der Zivilisation.

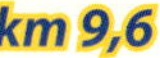

Die nächsten Paddelschläge bringen uns zur ***„Scharfenberger Enge"***. In der Bucht vor der schuleigenen Fähre der Internatsinsel ***Scharfenberg*** liegt am Festland die *Badestelle „Arbeiterstrand"* mit einem bis zu 20 Meter breiten Sandgürtel. Gegenüber auf der Insel heißt es dagegen für Unbeteiligte: Anlegen & Betreten verboten!

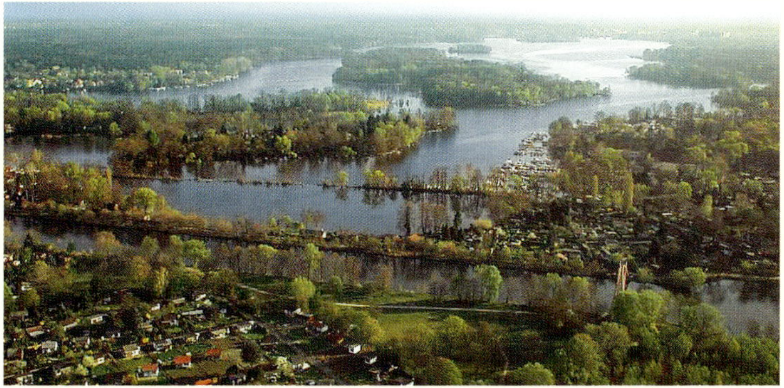

Der rund vier Kilometer lange Tegeler See ist nach dem Müggelsee der zweitgrößte See der Stadt.

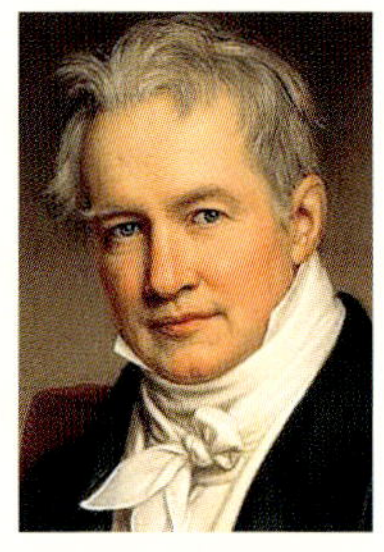

Nachdem die Familie von Humboldt 1777 ***Scharfenberg*** *erworben hatte, kaufte 1867 der Botaniker Carl August Bolle die Inseln, der sich nach seinen Studienreisen zu den Kapverdischen und Kanarischen Inseln hier niederließ und ein Landhaus errichtete. Der erste Schulunterricht der Untersekunda des nahegelegenen Humboldt-Gymnasiums fand 1921 für einige Wochen auf Scharfenberg statt. Ihr Lehrer Wilhelm Blume war von der Erfahrung so begeistert, dass er das Experiment wiederholen wollte.*

Da die Schulleitung anderer Meinung war, gründete er kurzerhand eine eigene Schule. 1923 kam die Schulfarm hinzu und die Kinder konnten neben dem Unterricht auch praktisch in der Landwirtschaft arbeiten.
Sie hat bis heute Bestand und so stehen für die Internats- und Tagesschüler des Gymnasiums auf ***Scharfenberg*** neben den klassischen Schulfächern auch Gartenbau und Landwirtschaft auf dem Stundenplan.

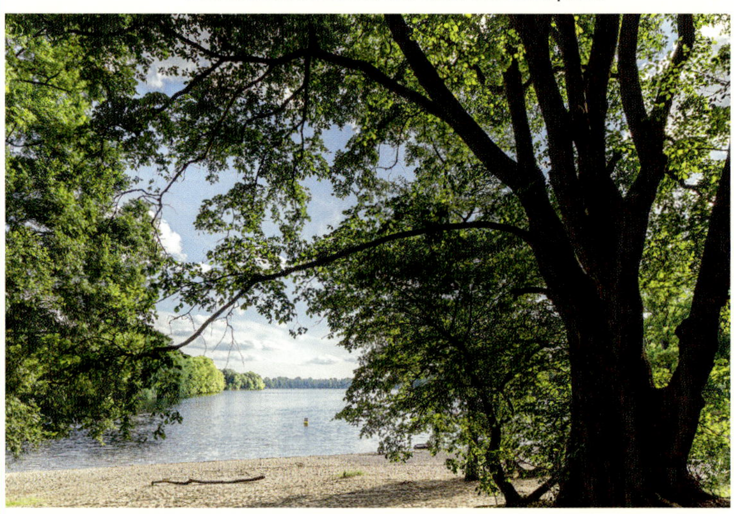

An schönen Sandstrände zum Baden und Sonnen mangelt es rund rund um den Tegeler See nicht.

Hinter der ***„Scharfenberger Enge"*** liegt linkerhand mit dem *„Strandbad Tegel"* *eines der ältesten Freibäder Berlins. Der gut 200 Meter lange und bis zu 100 Meter breite Sandstrand leuchtet hell vor den Kiefern des Tegeler Forsts. Für Abwechslung sorgen Beachvolleyballfeld, Rutschen und Badeinsel. Trotz idyllischer Lage und langer Tradition ist die Zukunft ungewiss. In den letzten Jahren gab es immer wieder Gerüchte über eine drohende Schließung. Der Streit dreht sich ums liebe Geld, denn das Strandbad muss dringend saniert werden.*

km 9,8

Zurück auf dem Wasser paddeln wir zwischen Festland und der kleinen Laubenpieperinsel ***Lindwerder*** weiter auf **Tegel** zu, das sich am Horizont mit ein paar Hochhäusern zu erkennen gibt.

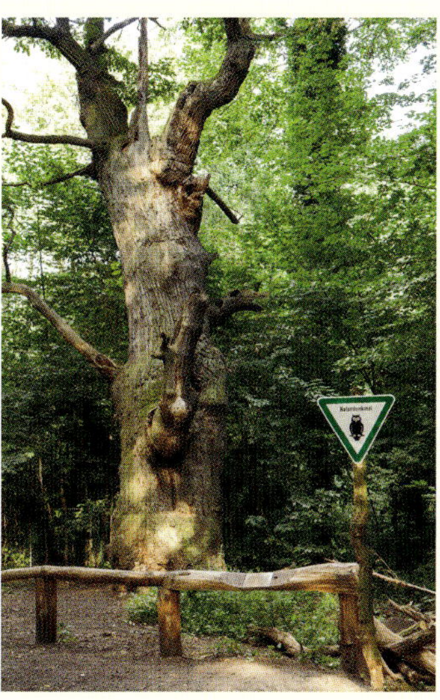

Die über 900 Jahre alte „Dicke Marie" gilt als ältester Baum Berlins.

Vor der nächsten Insel öffnet sich am Ufer eine kleine Bucht mit der *Badestelle Reiherwerder* mit kleinem, feinem Strand, der auch an schönen Sommertagen nicht überlaufen ist. *Auf der gegenüberliegenden Seite der Bucht versteckt sich im Wald die* ***„Villa Borsig"****, die die gleichnamige Industriellen-Familie nach Vorbild Schloss Sanssoucis errichtete. Heute beherbergt sie Gästehaus und Akademie des Auswärtigen Amtes der Bundesregierung. Anlegen ist hier nicht gestattet.*

km 11

Vorbei an der schmalen, mit Wochenendlauben bestandenen Insel ***Hasselwerder*** öffnet sich links die Bucht ***Großer Malchsee***. Entlang der Ufer reiht sich ein Wassersportverein an den nächsten. Zwischen den Bootsstegen finden sich aber Lücken, um direkt am Uferweg anzulanden und im schönen Biergarten des *Restaurants „Waldhütte"* einzukehren. Direkt nebenan führt ein Weg zur ***„Dicken Marie"***, einer 900 Jahre alten mächtigen Eiche, die als ältester Baum Berlins gilt.

km 12

Restaurant Waldhütte
(030) 433 48 88

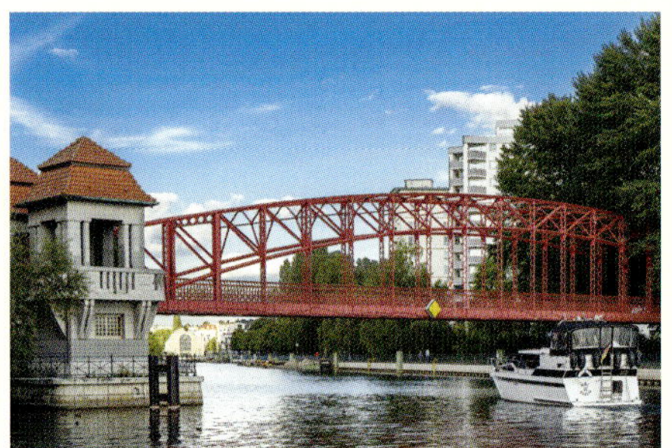

Die Sechserbrücke – das Wahrzeichen des Tegeler Hafens.

Hinter dem ***Großen Malchsee*** beginnt die nach der Partnerstadt **Tegels** benannte ***Greenwichpromenade***. Gleich zu Beginn fällt die rot leuchtende Hafenbrücke ins Auge. *Ihr gebräuchlicher Name **„Sechserbrücke"** geht auf den Brückenzoll zurück, den einst Passanten beim Überqueren der Brücke zu entrichten hatten: Der Betrag von fünf Pfennig hieß im Berliner Volksmund „Sechser".*

km 12,5

Tegeler Kanu-Verein
(030) 433 78 73

Wassersportclub Blau-Weiß Tegel
(030) 433 76 30

Unter der Brücke hindurch geht es über einen Kanal in den Tegeler Hafen oder ganz links ins Tegeler Fließ an dessen Ufer drei *Kanuvereine* zu finden sind. Zwei davon bieten Zeltmöglichkeiten auf ihrem Grundstück – auch für Nicht-DKV-Mitglieder.

km 13

U

Direkt hinter der Sechserbrücke liegt am Beginn der Promenade die „Bootsvermietung und Minigolfanlage Mühl" und vorbei an den zahlreichen Ausflugsdampfern paddelt man entlang der Greenwichpromenade nach Süden bis zur großen Freitreppe, an der sich die Tour gut *beenden* lässt.

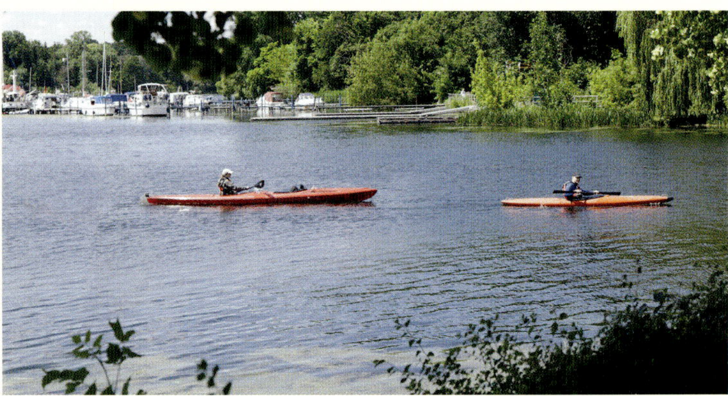

Hinein ins Tegeler Fließ – gleich zu Beginn bieten zwei Kanuvereine Quartier.

Adressen

Übernachtung in Wassernähe *(in alphabetischer Ortsreihenfolge)*

Caputh, Schwielowsee

Märkisches Gildehaus, Schwielowseestraße 58, Tel. (033209) 77 90, www.maerkisches-gildehaus.de

Caputh, Templiner See

Campingplatz Himmelreich, Wentorfinsel 38, Tel. (033209) 704 75, www.berlin-potsdam-camping.de

Pension Himmelreich, Wentorf-Insel 1, Tel. (033209) 88 43 06, www.pension-himmelreich-caputh.de

Restaurant & Pension Wolff, Lindenstraße 36, Tel. (033209) 702 59, www.restaurant-wolff.de

Flottstelle (OT von Schwielowsee)

Campingclub Flottstelle, Tel. (033209) 704 97, www.campingclub-flottstelle.de

Jagdhütte Flottstelle, Landeswaldoberförsterei Grünaue, Grünaue 9, 14712 Rathenow, Tel. (03385) 519 22 30, www.schwielowsee-tourismus.de/assets/prospekt/429.pdf

Ferch (OT von Schwielowsee)

Hotel-Restaurant Bootsklause, Seeweg 5 (Navi: Dorfstraß 20), Tel. (033209) 76 00

Hotel-Restaurant Haus am See, Neue Scheune 19, Tel. (033209) 709 55, www.hotel-hausamsee.de

Landhaus Ferch, Dorfstraße 41, Tel. (033209) 703 91, www.landhaus-ferch.de

Schwielowsee-Camping, Dorfstr. 50, Tel. (033209) 702 95, www.schwielowsee-camping.de

Gatow (OT von Berlin)

Kapitäns Kajüte, Alt-Gatow 23, Tel. (030) 361 80 40, www.kapitaenskajuete.de

Glindow (OT von Werder)

Campingplatz Glindowsee, Jahnufer 41, Tel. (03327) 408 55, www.hogab.de

Gästehaus obstkultour, Luise-Jahn-Straße 16, Tel. (03327) 57 31 37, www.obstkultour.de

Golm (OT von Potsdam)

Gut Schloss Golm, Am Zernsee 1, Tel. (0331) 50 05 21, www.gutschlossgolm.de

Grunewald (OT von Berlin)

Seehotel Grunewald, Straße am Schildhorn 5, Tel. (030) 300 97 00, www.seehotel-grunewald.de

Wirtshaus Schildhorn, Straße am Schildhorn 4a, Tel. (030) 30 88 35 00, www.wirtshaus-schildhorn-berlin.de

Ketzin

Biwak im Strandbad, Tel. 0152-260 873 51

Campingplatz „An der Havel" (Zelt, Caravan, Mobilheim, Bungalow), Friedrich-Ludwig-Jahn-Weg 33, Tel. (033233) 211 50, www.campingplatz-brandenburg.de

Ferienhof Havelblick (Camping und Fewo), Fischerstraße 8, Tel. (033233) 202 57, www.ferienhof-havelblick.de

Gutshof Ketzin, Rathausstraße 3, Tel. (033233) 73 42 70, www.gutshof-ketzin.de

Pension Gehse, Albrechtstraße 2, Tel. (033233) 806 78, www.pension-gehse.de

Seesportclub Ketzin e.V., Havelpromenade 1, Tel. (033233) 804 63, www.seesportclub-ketzin.de

Tipidorf im Strandbad Ketzin, Tel. (03381) 21 21 99, www.havellandreisen.de

Kladow (OT von Berlin)

Berliner Camping-Club, Zeltplatz Breitehorn, Breitehornweg 1, Tel. (030) 365 34 08, www.berliner-camping-club.com

„Knusperhäuschen", Kladower Damm 145, Tel. (030) 365 99 99, www.ins-knusperhaeuschen.com

Paretz (OT von Ketzin)

Storchenhof Paretz (Fewo, Matratzenlager), Werderdammstr. 12, Tel. (033233) 737 10, www.storchenhof-paretz.de

Petzow (OT von Werder)

Ferienhäuser am Glindowsee (Finnhütten), Grelle 12, Tel. (03327) 73 21 75, www.ferienhaeuser-am-glindowsee.de

Potsdam, Havel

Yachthafen Potsdam, Kastanienallee 22c, Tel. (0331) 90 10 90, www.yachthafen-potsdam.de

Templiner See, Potsdam

Campingplatz Sanssouci, An der Pirschheide 41, Tel. (0331) 951 09 88, www.camping-potsdam.de

Seminaris SeeHotel, An der Pirschheide 40, Tel. (0331) 909 00, www.seminaris.de

Wassersportfreunde Pirschheide e. V., An der Pirschheide 36, Tel. 0162-951 02 29, www.wassersportfreunde-pirschheide.de

Spandau (OT von Berlin)

Hotel & City-Camping Berlin, Gartenfelder Str. 1, Tel. (030) 335 036 33, www.hotel-camping-berlin.de

Pension Tiefwerder, Dorfstr. 81/82, Tel. (030) 330 02 60, www.pension-tiefwerder.de

Kajak-Club Albatros (DKV Kanustation), Tiefwerderweg 15, Telefon (030) 332 51 52, www.kc-albatros.de

Kanuclub Zugvogel Berlin, Bootshausweg 4, Tel. 0171-282 72 37, www.zugvogel-ev.de

Tegel (OT von Berlin)

Tegeler Kanu-Verein e.V., Gabrielenstraße, Siedlung am Fließ 27 b, Tel. (030) 452 79 25 & 0170-117 82 32, www.tkv.berlin

Werder

Blütencamping Riegelspitze (Zelt, Hütte, Schlafen im Fass, Zirkuswagen), Am Riegelberg, Tel. (03327) 423 97, www.campingplatz-riegelspitze.de

Hotel Prinz Heinrich, Fischerstr. 48 b, Tel. (03327) 73 20 60, www.hotelprinzheinrich.de

Hotel Zur Insel, Am Markt 6, Tel. (03327) 661 60, www.hotel-zur-insel.de

Ruder-Klub Werder (Zelt, günstige Zimmer), Werderwiesen 18, Tel. (03327) 74 18 16, http://home.arcor.de/ruder-klub-werder

Wohnmobilstellplatz, direkt am Einstieg vor der Brücke in die Altstadt

Kanuvermietung

Am Griebnitzsee, Potsdam

Kayak Berlin Tours (auch SUP & Fahrrad), am S-Bahnhof Griebnitzsee, Rudolf-Breitscheid-Str. 201, 14482 Potsdam, Tel. (0331) 74 800 57, www.kajakberlintours.de

Am Griebnitzsee, Berlin-Wannsee

Söhnel Werft (auch Abenteurfloß & Biergarten), Neue Kreisstr. 50, 14109 Berlin, Tel. (030) 80 58 87 37, www.soehnelwerft.com www.soehnelwerft.berlin

Ketzin

Strandbad Ketzin, Friedrich-Ludwig-Jahn-Weg 31, (Kanuvermietung: stundenweise direkt, tageweise nur nach Vorbuchung bei Havellandreisen, Tel. (03381) 21 21 99, www.havellandreisen.de

Petzow (OT von Werder)

Kajakverleih am Schwielowsee, Löcknitz 7, Tel. 0176-45 02 43 38, www.kajakverleihschwielowsee.de

Potsdam Innenstadt

Bootsvermietung Moisl – Freundschaftsinsel, (auf der Freundschaftsinsel), Lange Brücke, 14467 Potsdam, Tel. 01520-168 88 83, www.bootsvermietung-moisl.de

Bootsverleih An der Nuthe (auch Verkauf), Wiesenstraße 11, 14473 Potsdam, Tel. (0331) 74 80 415, www.bootswerft-jahn.de

Templiner See, Potsdam

Bootsvermietung Moisl – Templiner See, Templiner Straße 102, Tel. (033209) 847 79, www.bootsvermietung-moisl.de

Wassersport in Potsdam (auch SUP), Campingpark Sanssouci am Templiner See, An der Pirschheide 41, Tel. (0331) 270 42 80, www.wassersport-in-potsdam.de

Schwielowsee, Petzow (OT von Werder)

Kajakverleih am Schwielowsee, Löcknitz 7, Tel. 0176-45 02 43 38, www.kajakverleihschwielowsee.de

Spandau (OT von Berlin)

Der Bootsladen, Brandensteinweg 37, Tel. (030) 362 56 85, www.der-bootsladen.de

Wannsee, Großer Wannsee

Kanuverleih Wannsee, Am Großen Wannsee 60, 14109 Berlin, Tel. 0152-31 89 47 18, www.kanuverleih-wannsee.de

Werder

Bootsvermietung und Fahrradverleih Krüger & Till, Unter den Linden 17, Tel. (03327) 424 24, www.wassersport-werder.de

Veranstalter Kanu- & Outdoortouren, geführte Touren

Berlin

DerKanutourist, Harald Westphal, Schonensche Straße 20, 13189 Berlin, Tel. (030) 99 54 47 81, www.derkanutourist.de

Kajak- und Kanuverleih KommRum e.V., (geführte Touren und KajakBring- und Holservice im gesamten Stadtgebiet, Tel. (030) 85 07 87 34, www.bei-anruf-boot.de

Griebnitzsee, Potsdam

Kayak Berlin Tours & Potsdam per Pedales, Rudolf-Breitscheid-Str. 201, Tel. (0331) 748 00 57, www.kajakberlintours.de www.potsdam-per-pedales.de

Potsdam per Pedales, c/o Bahnland GmbH, Rudolf-Breitscheid-Str. 201, 14482 Potsdam, Tel. (0331) 748 00 57, www.potsdam-per-pedales.de

Templiner See, Potsdam

Wassersport in Potsdam (auch SUP), Campingpark Sanssouci am Templiner See, An der Pirschheide 41, Tel. (0331) 270 42 80, www.wassersport-in-potsdam.de

Fahrradvermietung

Fahrradstation, (Anmietstationen in **Mitte, Kreuzberg, Bahnhof Friedrichstraße, Charlottenburg, Prenzlauer Berg** und **Potsdam**), Leipziger Str. 56, 10117 Berlin, Tel. 0180 - 510 80 00, www.fahrradstation.com

Potsdam per Pedales,
Bahnhof Griebnitzsee: *Rudolf-Breitscheid-Str. 201,* Tel. (0331) 74 800 57.
Hbf Potsdam: *Direkt auf dem S-Bahnsteig Gleis 6/7,* www.potsdam-per-pedales.de

Ketzin

Tourist-Info Ketzin, Rathausstr. 18, Tel. (033233) 738 30, Mo,Mi,Fr 10-15, Di,Do10-17, Mai-Sep zusätzl. Sa,So 13.30-16.30, www.tourismus.ketzin.de

Werder

Fahrradverleih Krüger & Till (auch e-bike), Unter den Linden 17, Tel. (03327) 424 24, www.wassersport-werder.de

Sehenswürdigkeiten & Sonstige Aktivitäten

Caputh

Einsteinhaus, Am Waldrand 15-17, Tel. (0331) 27 17 80, Apr-Okt, Sa,So, 10-18, Eintritt 5 € / 2,50 €, www.einsteinsommerhaus.de

Schloss & Schlossgarten Caputh, Straße der Einheit 2, Tel. (033209) 703 45, Apr Sa,So 10-18, Mai-Okt Di-So 10-18, Nov-Mär Sa,So 10-17, Eintritt 5 € / 4 €.

Ferch (OT von Schwielowsee)

Fercher ObstkistenBühne, Dorfstraße 3a, Tel. (033209) 714 40, www.fercherobstkistenbuehne.de

Japanischer Bonsaigarten, Fercher Str. 61, Tel. (033209) 20 89 03, Mär-Nov Di-So, Fei 10-18, Eintritt 4 € / 2 €, www.bonsai-haus.de

Museum der Havelländischen Malerkolonie, Beelitzer Straße 1, Tel. (033209) 210 25, Mai-Okt Mi-So 11-17, Nov-Apr Sa,So 11-17, Eintritt 2,50 €, www.havellaendische-malerkolonie.de

Glindow (OT von Werder)

Heimatmuseum Glindow, Kietz 3, Tel. (03327) 448 20, Mär-Okt Sa/So 11-17.

Märkisches Ziegeleimuseum, Alpenstraße 47, Tel. (03327) 66 93 95, Mär-Okt Mi,Sa,So,Fei 10-16, www.ziegeleimuseum-glindow.de

Ketzin

Heimatmuseum im Kultur- & Tourismuszentrum, Rathausstr. 18, Tel. (033233) 738 30, Mo,Mi,Fr 10-15, Di,Do 10-17, Mai-Sep zusätzl. Sa,So 13.30-16.30, Eintritt 1 € /0,50 €.

Kladow

Militärhistorisches Museum der Bundeswehr, Am Flugplatz Gatow 33, 14089 Berlin, Di-So, 10-18, Eintritt frei, www.mhm-gatow.de

Paretz (OT von Ketzin)

Schloss Paretz, Parkring 1, Tel. (033233) 736 11,
Apr-Okt Di-So 10-18, Nov-Mär Sa,So 10-16, Eintritt 6 € / 5 €.

Petzow (OT von Werder)

Heimatmuseum Waschhaus am Haussee, Tel. 0177 - 305 44 36,
Mitte Apr-Mitte Okt So 13-17, Eintritt frei.

Sanddorn-Garten Petzow, Fercher Straße 60, Tel. (03327) 469 10,
Mo-Fr 10-17, Sa,So 10-18, www.sanddorn-garten-petzow.de

Potsdam

Filmmuseum, Breite Straße 1a , Tel. (0331) 271 81 12, Di-So 10-18, 7 € / 5 €, Foyerausstellung und Historische Filmtechnik im Museumfoyer: Eintritt frei, Kino Di-So 17 + 19, Do-Sa + 21, Kinderkino Mi, Sa & So 15. www.filmmuseum-potsdam.de

Rundfahrten mit der Weißen Flotte, Lange Brücke 6, Tel. (0331) 275 92 10, www.schiffahrt-in-potsdam.de

Schloss Cecilienhof, Im Neuen Garten 11, Tel. (0331) 96 94-200, Apr-Okt Di-So 10-18, Eintritt 6 € / 5 €, www.spsg.de

Schloss Sanssouci, Tel. (0331) 969 42 00, Apr-Okt Di-So 10-18, Nov-Mär Di-So 10-17, Eintritt mit Führung oder Audioguide, Eintritt 12 € / 8 €.

Villa Schöningen, Berliner Straße 86, 14467 Potsdam, Tel. (0331) 200 17 41, Do-So 10-18, Eintritt 9 €, www.villa-schoeningen.de

Spandau (OT von Berlin)

Zitadelle, Am Juliusturm 64, Tel. (030) 354 94 40, tgl. 10-17, Eintritt (Zitadelle, Museen, Juliusturm) 4,50 € / 2,50 €, Familienkarte 10 € (bei Veranstaltungen abweichende Eintrittspreise). Führungen ohne Anmeldung (Treffpunkt am Torhaus der Zitadelle), 17. Mär-Okt Sa-So 11, 13 und 15, 3 € / 2 €, www.zitadelle-spandau.de

Tegel (OT von Berlin)

Feuerwehrmuseum Berlin, Veitstr. 5, Tel. (030) 38 71 09 33, Di-Do 9-16, Fr,Sa 10-14, Eintritt 5 € / 2,50 €, www.feuerwehrmuseum-berlin.de

Humboldt-Museum im Schloss Tegel, Adelheidallee 19, Tel. (030) 886 71 50, Mo 10-16 (nur mit Führung um 10, 11, 15 & 16), Eintritt 12 € / 10 €.

Wannsee

Öffnungs- & Fährzeiten Pfaueninsel: Nov-Feb 10-16, Mär 9-18, Apr 9-19, Mai-Aug 9-20, Sep 9-19, Okt 9-18, Eintritt 4 €, ermäßigt 3 €, Familie (2 Erw. + 4 Kinder) 8 €.

Schloss auf der Pfaueninsel, Apr-Okt Di-So 10-17.30, Nov-Mär geschl., Besichtigung nur mit Führung, 3 € / 2,50 €.

Meierei auf der Pfaueninsel, Apr-Okt Sa,So10-17.30, Eintritt 2 € / 1,50 €.

Schloss Glienicke, Nov, Dez, Mär Sa/So 10-17, Apr-Okt Di-So 10-18, Eintritt 5 € / 4 €, Familien (2 Erw. + 4 Kinder) 12 €.

Werder

Baumblütenfest, Ende April/Anfang Mai.

Bockwindmühle auf der Inselstadt, Tel. (03327) 78 33 74, 15.04.-15.10. Di,Sa,So 13-17.

Obstbaumuseum, Kirchstraße 6/7, Tel. (03327) 78 33 74, 15.4-15.10. Mo,Di,Do,Fr 11-17, Sa,So 13-17.

Weingut in Werder, Am Plessower Eck 2, Tel. (03327) 74 14 10, www.wachtelberg.de

Auskunft

Berlin Tourismus & Kongress GmbH, (Touristinfos im **Brandenburger Tor, Fernsehturm, Flughafen Tegel, Hauptbahnhof, Europacenter** und **Flughafen Schönefeld** sowie in der **Rankestraße**), Tel. (030) 25 00 23 33, www.visitberlin.de

Tourist-Info Ketzin, Rathausstr. 18, Tel. (033233) 738 30, Mo,Mi,Fr 10-15, Di,Do10-17, Mai-Sep zusätzl. Sa,So 13.30-16.30, www.tourismus.ketzin.de

Potsdam Tourismus Service, Servicestellen im **Potsdamer Hauptbahnhof** und in der **Brandenburger Straße**, Tel. (0331) 27 55 88 99, www.potsdamtourismus.de

Schwielowsee-Tourismus, Straße der Einheit 3, 14548 Schwielowsee OT Caputh, Tel. (033209) 708 99, www.schwielowsee-tourismus.de

Tourismusbüro Werder, Kirchstraße 6/7, Tel. (03327) 78 33 74, www.werder-havel.de

Tourismusverband Havelland, Schloss Ribbeck, Theodor-Fontane-Straße 10, 14641 Nauen OT Ribbeck, Tel. (033237) 85 90 30, www.havelland-tourismus.de

Touristinfo Spandau im Gotischen Haus, Breite Str. 32, Tel. (030) 333 93 88, www.partner-fuer-spandau.de

Literatur-Tipps

Belletristik

Wanderungen durch die Mark Brandenburg Bd.3 Havelland, *Theodor Fontane*

Dunkle Havel (Krimi zw. Potsdam und Werder), *Tim Pieper*, Emons Verlag

Einsteins Sommer-Idyll in Caputh – Biographie eines Sommerhauses, *Dietmar Strauch*, Edition Progris (Tour 2)

Alles ist relativ, *Die Lebensgeschichte des Albert Einstein (nicht nur für Kinder und Jugendliche)*, Dietmar Strauch und Max Bartholl, Beltz & Gelberg (Tour 2)

Albert Einstein, *Eine Biographie*, Albrecht Fölsing, Suhrkamp Verlag

Letzter Aufruf Tegel! Geschichten vom tollsten Flughafen der Welt, *Julia und Evelyn Csabai*, be.bra verlag (Tour 4)

Thomas Hettche, *Pfaueninsel*, Kiepenheuer&Witsch (Tour 3)

Neu-Cladow und nichts anderes!, *Miriam-Esther Owesle*, be.bra wissenschaft verlag (Tour 3)

Regionales

77 schönste Orte rund um Berlin, *Wolfgang Kling*, Peter Meyer Verlag

Brandenburg, *Kristine Jaath*, Trescher Verlag

Die Havel - Natur und Kultur zwischen Müritz und Havelberg, *Manfred Reschke*, Trescher Verlag

Im havelländischen Tal der Wublitz ***(Geschichte und der Gegenwart der Region),*** *Gertraud Schiller*, Heimatbuchverlag Brandenburg (Tour 1)

Paretz. Eine königliche Sommerfrische, *Claus-Dieter Steyer*, edition q im be.bra verlag (Tour 1)

Rund um den Schwielowsee *(Wanderungen und Gedichte um Caputh, Ferch, Petzow, Baumgartenbrück, Geltow, Werder und Glindow),* *Theodor Fontane*, Edition Progris (Tour 2)

Havelländische Malerkolonie: Künstler am Schwielowsee um 1900, *Stefanie Krentz*, Atelier im Bauernhaus (Tour 2)

Die Zitadelle Spandau - Konstruktion und Bauwerk: Die Erhaltung einer Renaissancefestung, *Regina Jost und Christiane Borgelt*, Junius Hamburg (Tour 4)

Aktiv

Ab ins Grüne - Ausflüge mit der Berliner S-Bahn: 64 Ausflugsziele - Rad- und Wandertouren rund um Berlin, *Klaus Scheddel*, via reise

Wandern mit dem Kinderwagen Berlin, *Michael Hennemann*, Bergverlag Rother

Wanderungen durch Brandenburg - 55 Touren durch das ganze Land, *Manfred Reschke*, Trescher Verlag

Kanu

KANU KOMPASS Brandenburg, Berlin, Michael Hennemann, *Thomas Kettler Verlag*

Tourenatlas TA 5 Berlin – Brandenburg, *Wasserwanderkarten 1 : 75.000*, Ringbindung, Jübermann-Verlag

KANU KOMPAKT Spreewald, Michael Hennemann, *Thomas Kettler Verlag*

KANU KOMPAKT Märkische Umfahrt, Michael Hennemann, *Thomas Kettler Verlag*

Allgemeines zum Thema Kanu

Bundesverband Kanu e.V. (BVKanu), Bövemannstr. 1, 48268 Greven, Tel. (02571) 503 53 20, www.bvkanu.de

Deutscher Kanu-Verband, Bertaallee 8, 47055 Duisburg, Tel. (0203) 997 59-0, www.kanu.de

Kanu Magazin, Direktorenvilla 1/Martini-Park, Provinostraße 52, 86153 Augsburg, Tel. (0821) 42 07 84-0, www.kanumagazin.de

Kajak Magazin, Schulstraße 12, 76532 Baden-Baden, Tel. (07221) 95 21-0, *www.kajak-magazin.com*

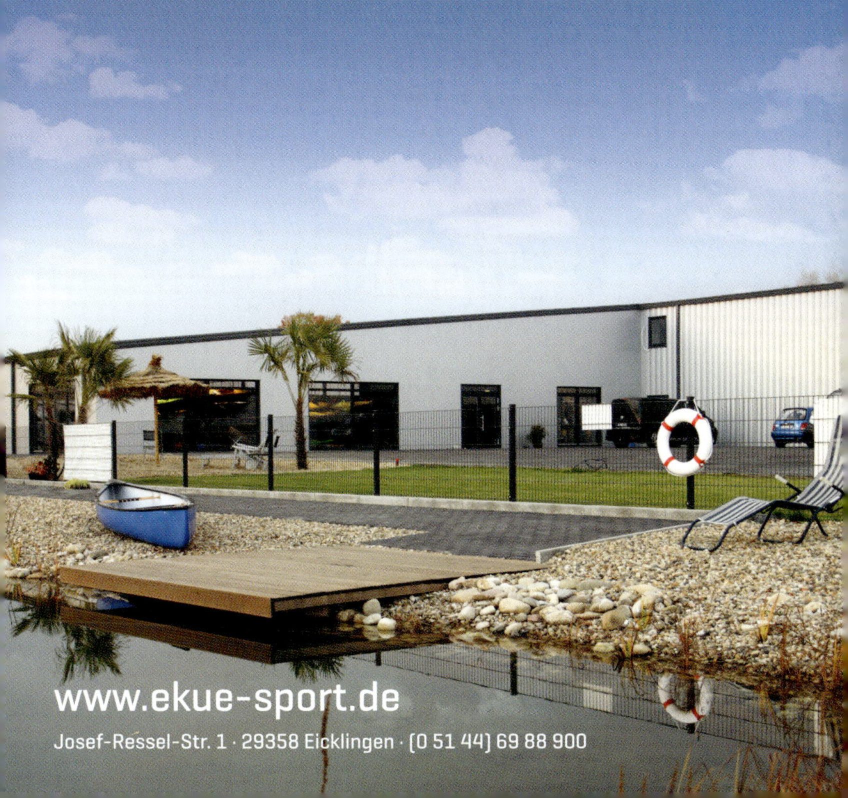

In dieser Reihe bereits erschienen

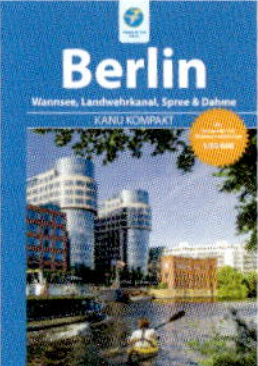

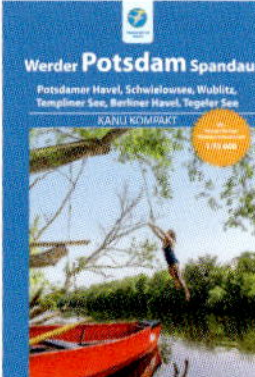

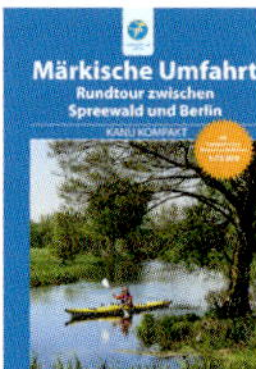

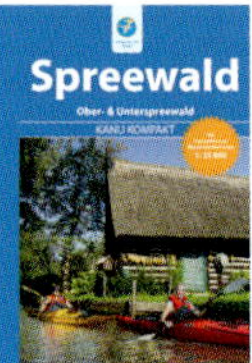

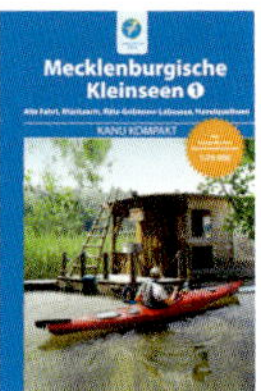

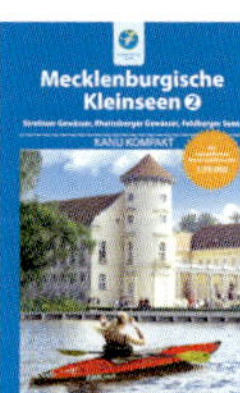

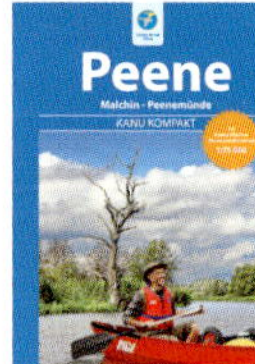

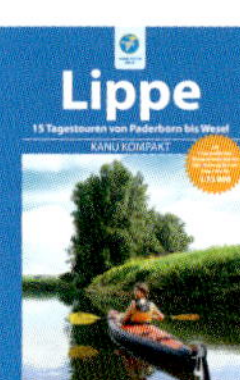

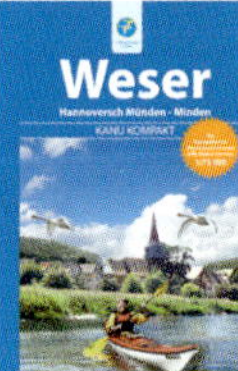

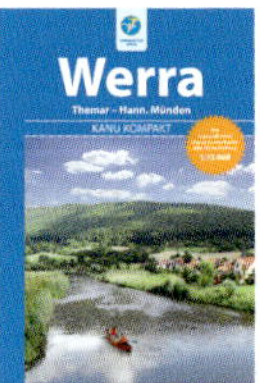

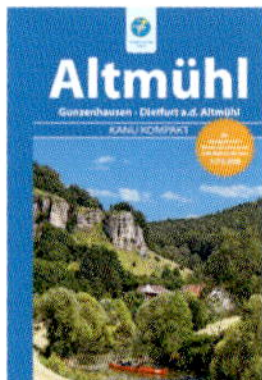

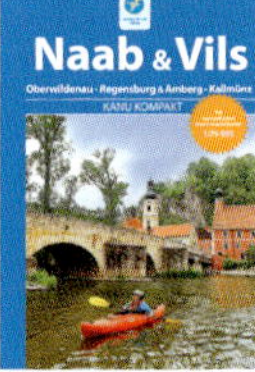

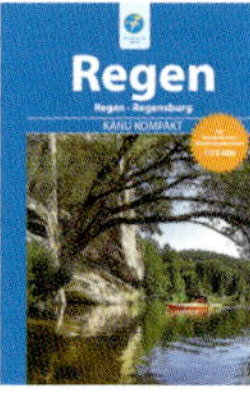

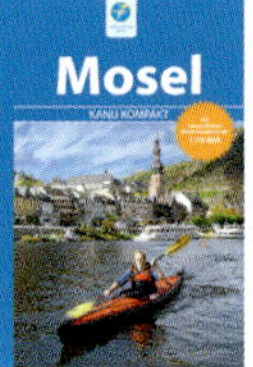

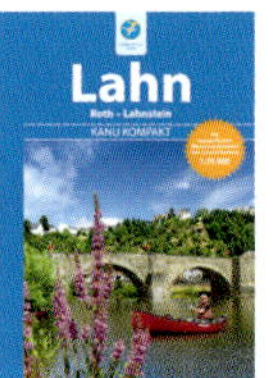

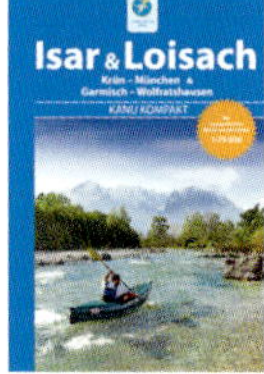

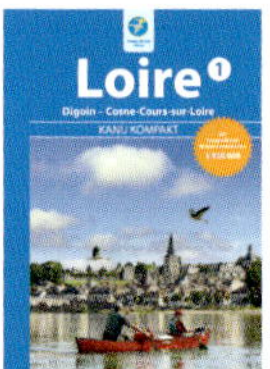

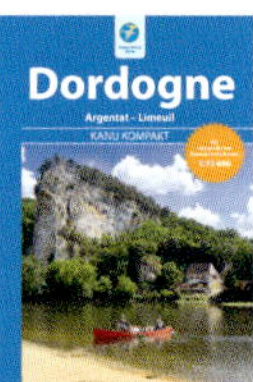

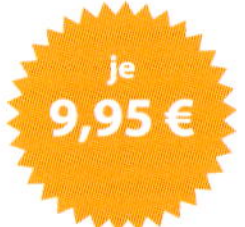

Lehr- und Lernbücher

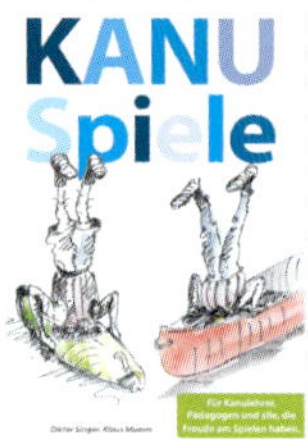

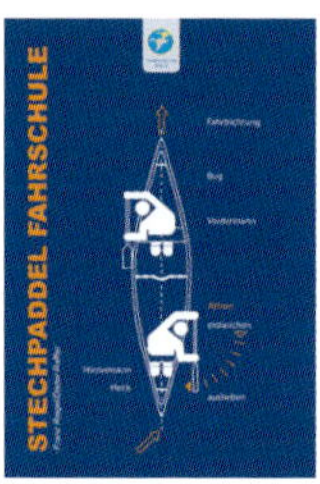

Gleiches Format 12,5 x 18,5 cm und ebenfalls mit praktischer Ringbindung

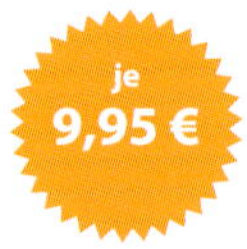

Weitere Kanubücher aus dem Verlag

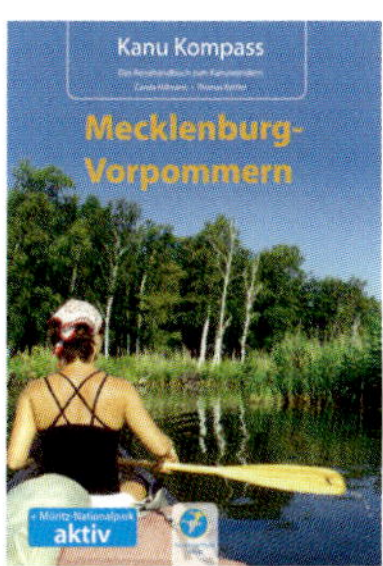

Mecklenburg-Vorpommern

Thomas Kettler, Carola Hillmann

264 Seiten, 3. akt. Aufl. 2013 ISBN 978-3-934014-13-8

Kanutouren mit Tourenkarte: „Alte Fahrt", Brüeler Bach, Feldberger Seen, Havel und Havelquellseen, Mildenitz, Müritz-Elde-Wasserstraße, Müritzarm, Obere Warnow, Peene, Recknitz, Rheinsberger Gewässer, Rätzsee-Gobenowsee-Labussee, Störkanal, Strelitzer Gewässer, Tollense, Trebel, Uecker, Warnow.
Stadtrundgang + Karte: Neubrandenburg, Rostock, Schwerin.
Müritz Nationalpark aktiv: Auf 27 Seiten werden der Nationalpark mit Geschichte, Flora und Fauna sowie 4 Wanderungen und 3 Radtouren vorgestellt.

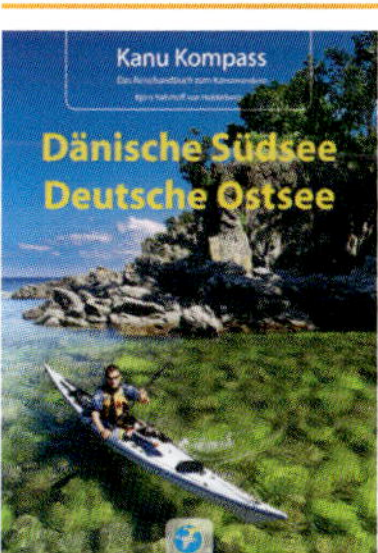

Dänische Südsee, Deutsche Ostsee

Björn Nehrhoff

288 Seiten, 2. Aufl. 2015 ISBN 978-3-934014-49-7

19 Seekajaktouren:
Dänemark: Als, Bornholm, Broager, Dän. Südsee große Inselrundfahrt, Haderslevfjord mit Bågø & Årø, Middelfart & Fønsskov, Møn, Roskilde- & Isefjord, Samsø, Tåsinge.
Deutschland: Darß, Eckernförde – Kiel, Fehmarn, Flensburg – Schleswig, Hiddensee, Poel & Wustrow, Ribnitz-Damgarten – Stralsund, Rügen, Usedom.
Stadtrundgang mit Stadtplan: Ærøskøbing, Kopenhagen, Svendborg, Flensburg, Kiel, Stralsund, Wismar.

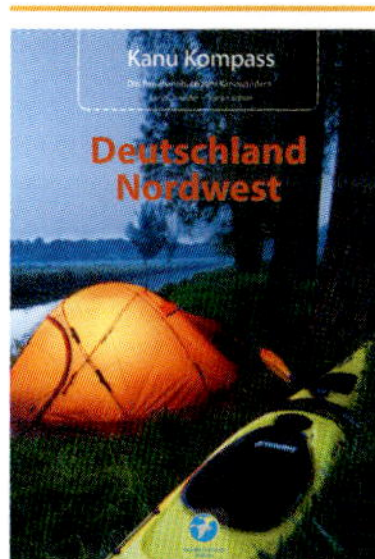

Deutschland Nordwest

Lars Schneider, Stefan Schorr

256 Seiten, 3. akt. Aufl. 2015 ISBN 978-3-934014-10-7

Kanutouren mit Tourenkarte: Aller, Alster, Bille, Eider, Elbe, Ems, Este, Hamme, Hase, Hunte, Ilmenau, Leine, Luhe, Ochtum, Oste, Osterau, Örtze, Schlei, Schwentine, Seeve, Stör, Trave, Treene, Unterweser, Wakenitz, Wümme.
Stadtrundgang mit Karte:
Bremen, Hamburg, Lübeck, Meppen, Worpswede.

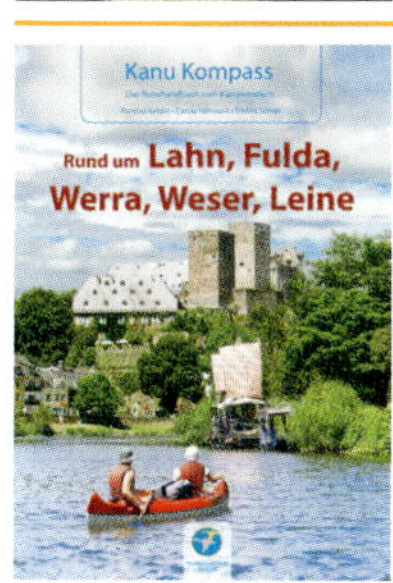

Rund um Lahn, Fulda, Werra, Weser, Leine

Stefan Schorr, Thomas Kettler, Carola Hillmann

252 Seiten, 1. Aufl. 2011 ISBN 978-3-934014-12-1

Kanutouren mit Tourenkarte: Diemel, Eder & Edersee, Emmer, Fulda, Lahn, Leine, Lippe, Oker, Rhume, Werra, Weser.

Stadtrundgang mit Karte: Bad Ems, Hameln, Hannover, Limburg, Lippstadt, Marburg, Wetzlar.

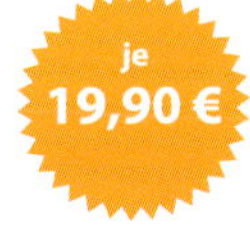

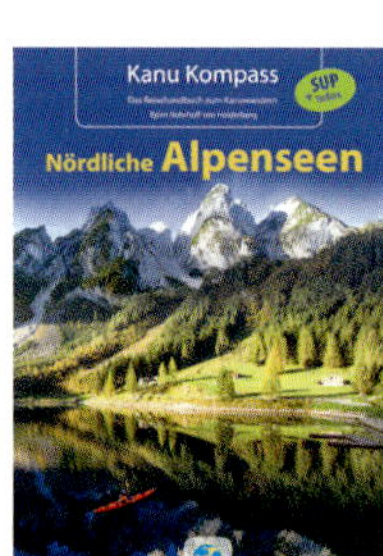

Nördliche Alpenseen

Björn Nehrhoff

ISBN 978-3-934014-55-8

je 19,90 €

20 Kanutouren:
Deutschland: Eibsee, Walchensee, Kochelsee, Forggensee, Alpsee, Staffelsee, Chiemsee
Österreich: Attersee, Plansee, Wolfgangsee, Hallstädter See, Gosausee, Traunsee
Schweiz: Thuner See, Brienzer See, Vierwaldstättersee, Walensee

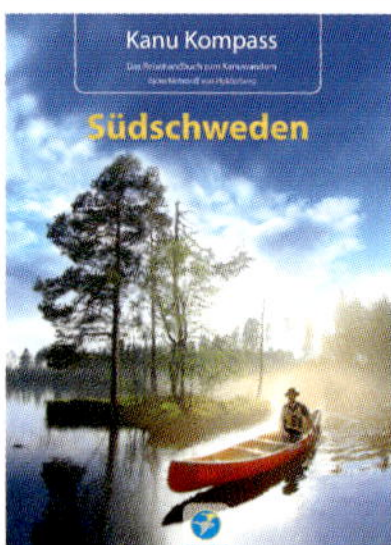

Südschweden

Björn Nehrhoff

224 Seiten *ISBN 978-3-934014-18-3*

13 Kanutouren:
Åsnen, Bolmen, Dalsland (Stora Le & Lelång), Glaskogen, Härån, Helge å, Immeln-Halen, Ivösjön, Nittälven, Ronnebyån, Sommen, Svartälven, Vänern.

Reiseinfos Südschweden von A-Z inkl. Checklisten
Kleine „Paddel-Fahrschule"

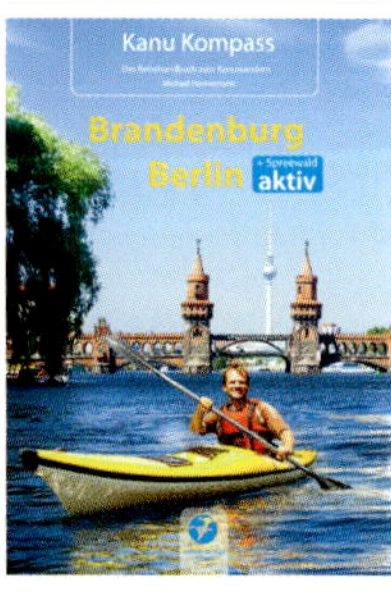

Brandenburg, Berlin

Michael Hennemann

264 Seiten, 1. Aufl. 2013 *ISBN 978-3-934014-17-6*

Kanutouren mit Karte: Stepenitz, Kyritzer Untersee, Großer Stechlinsee, Rheinsberger Rhin, Ruppiner Gewässer, Rhinluch, Naturpark Uckermärkische Seen, Wentowseen & Langer Trödel, Alte Oder & Finowkanal, Oder, Untere Havel, Brandenburger Havelseen, Wublitz, Potsdamer Havel, Wannsee, Treptower Spree & Landwehrkanal, Löcknitz & Müggelspree-Runde, Märkische Umfahrt, Dahmeseen, Unterspreewald, Oberspreewald.
Stadtrundgang mit Karte: Berlin, Potsdam, Brandenburg, Eisenhüttenstadt, Frankfurt/Oder und Cottbus.

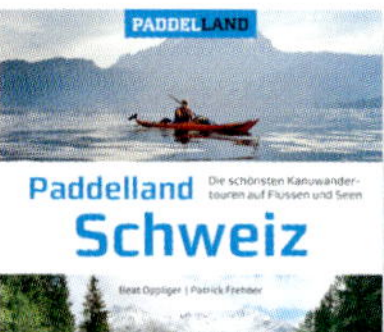

Paddelland Schweiz

Die schönsten Kanutouren auf Schweizer Flüssen und Seen

Beat Oppliger, Patrick Frehner

60 Kanutouren mit Karte in 12 Schweizer Paddelrevieren
Revierinfos, Paddeltechniken & Ausrüstung

224 Seiten, Hardcover, Fadenheftung
1. Auflage Juli 2014
ISBN 978-3-934014-46-6

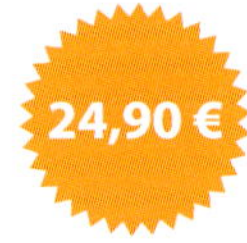

Der Autor

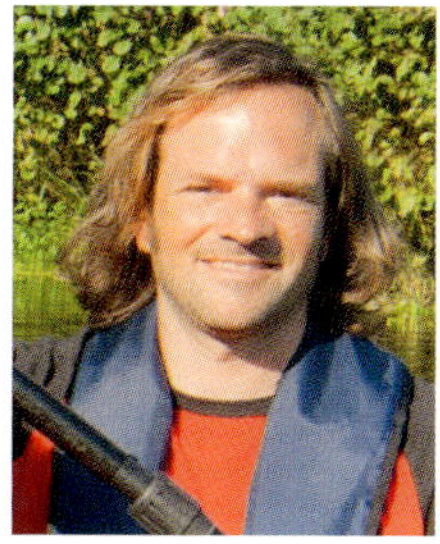

Michael Hennemann

Michael Hennemann ist ausgebildeter fototechnischer Assistent und begeisterter Reisender und Kanusportler. Als Autor und Fotograf ist er seit vielen Jahren auf Reise-, Outdoor- und vor allem Kanuthemen spezialisiert. Mehr über seine Arbeit finden Sie im Internet unter: ***www.michael-hennemann.de***

Jübermann - Kartographie und Verlag

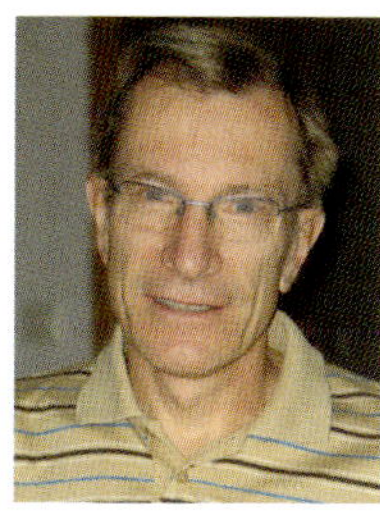

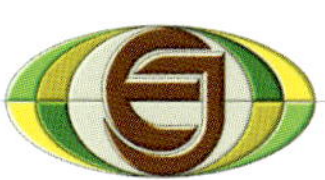

Der ***Jübermann-Verlag*** hat sich auf die Herstellung von Gewässerkarten für Wassersportler spezialisiert. Karten, die im Maßstab 1:100.000 und größer hergestellt werden, sind in bezug auf die Gewässer bzw. Wassersportinhalte im Gelände komplett überprüft. Jeder dargestellte Gewässer-km ist auch per Boot kontrolliert worden. Hier sind keine Schreibtischtäter am Werk, sondern passionierte Wassersportler (Erhard Jübermann z.B. mit ca. 60.000 gepaddelten km), die all ihre Erfahrung weitergeben. ***www.juebermann.de***

Register

Alte Fahrt 51,57
Alter Berlin-Spandauer Schifffahrtskanal 81

Babelsberg 57, 58
Babelsberger Enge 58
Baumwerder 81, 83, 87
Berlin-Spandauer-Schifffahrtskanal 81
Breitehorn 68
Brückenkopf 30

Caputh 45
Cecilienhof 59

Düppeler Forst 62

Einsteinhaus 46
Eiswerder 80

Fauler See 74
Ferch 42
Flatowturm 58
Flottstelle 44
Forsthaus Templin 48
Freundschaftsinsel 51, 57

Gartenfeld 81
Gatow 68
Geltow 39
Gemünde 45
Glienicker Brücke 58
Glindow 40
Glindower Alpen 41
Glindowsee 39
Golm 33, 34
Greenwichpromenade 90
Grellberg 41
Grellbucht 41
Großer Jürgengraben 74
Großer Malchsee 89
Großer Wall 81
Großer Wannsee 64
Großer Zernsee 34
Großes Fenster 64
Grube 32
Grunewald 64
Grunewaldturm 66

Halbinsel Wentorf 46
Hasselwerder 89
Haveleck 82
Havelhöhenweg 66
Heilandskirche 59
Hermannswerder 50
Hohenzollernkanal 81

Imchen 70

Jungfernsee 59, 60
Jürgenlanke 67

Kälberwerder 62
Karlsberg 66
Ketzin 28, 29
Kirche St. Peter und Paul 62
Kladow 70
Kleiner Jürgengraben 76
Kleiner Wall. 80
Klein-Venedig 74
Krughorn 59
Kuhhorn 66

Leest 32
Liebesinsel 80
Lieper Bucht 65
Lindwerder 65

Maienwerder 81, 82
Marienquelle 48
Marquardt 31
MIttelbusch 42

Nattwerder 32, 33
Neue Fahrt 51, 57
Neustädter Havelbucht 50, 51
Nikolskoe 61, 62

Paretz 26
Park Babelsberg 58
Petzinsee 46
Petzow 41
Petzower Schloss 42
Pfaueninsel 62
Phöben 25
Phöbener Wachtelberg 25
Pirschheide 47, 48
Potsdam 50, 52
Potsdamer Havel 39

Räuberberg 26
Reiherberg 33
Reiherwerder 89
Reiswerder 84

Saatwinkel 82
Sacrow 59, 60
Sacrow-Paretzer-Kanal 26, 30
Scharfenberg 81, 87, 88
Scharfenberger Enge 87
Schildhorn 67
Schildhorndenkmal 67
Schlänitzsee 32
Schloss Babelsberg 58
Schloss Caputh 46
Schloss Cecilienhof 59
Schloss Marquardt 31
Schloss Sacrow 60
Schwanenwerder 64
Schwielowsee 42
Sechserbrücke 90
Spandau 74, 77
Spandauer See 80
Spandauer Zitadelle 77
Stößensee 74
St. Peter und Paul. 61
Strandbad Tegel 89

Tegel 85, 90
Tegeler See 81, 82, 86
Tegeler See Ostufer 82
Tegelort 82, 87
Templin 47, 48
Templiner See 45, 46
Tiefwerder 74
Tiefwerder Wiesen 74
Töplitz 33

Valentinswerder 81, 86
Villa Borsig 89
Villa Lemm 68
Villa Schöningen 58

Waldbad Templin 47
Wannsee 62
Wasserstraßenkreuzung Haveleck 81
Halbinsel Wentorf 46
Werder 24, 39
Werderaner Wachtelberg 25
Wublitz 31, 32

Zitadellengraben 77
Zitadelle Spandau 78